Eva Wlodarek
Die Kraft der Wertschätzung

Anerkennung und Wertschätzung sind zentrale Bedürfnisse des Menschen – das gilt im Beruf wie im Privatleben. Wir wollen wahrgenommen werden, möchten Anerkennung für unsere Leistungen und Dankbarkeit für das, was wir geben.

Doch um mehr positive Aufmerksamkeit zu erhalten, ist es entscheidend, zunächst bei uns selbst anzusetzen. Was wir über uns denken, beeinflusst unsere Worte und Handlungen sowie unsere Außenwirkung. Nur wenn wir Selbstmitgefühl entwickeln und uns selbst wertschätzend begegnen, können wir erfolgreich nach außen tragen, wofür wir die erwünschte Resonanz haben wollen.

Kompetent und zugleich unterhaltsam schildert Eva Wlodarek, wie es gelingt, Respekt und Zuwendung zu erhalten und diese Werte auch anderen zu vermitteln.

Die versierte Psychologin weiß: Es ist ein Zeichen von innerer Stärke, Selbstbewusstsein und sozialer Kompetenz, dies in richtiger Weise zu fordern und zu geben.

Anschaulich dank vieler Beispiele aus ihrer Praxis ein und wissenschaftlich belegt, ist dieser Ratgeber eine praktische und inspirierende Anleitung für alle, die sich mehr Wertschätzung wünschen.

Eva Wlodarek ist promovierte Psychologin, Coach, Referentin und Buchautorin. 20 Jahre war sie die beratende Psychologin der Zeitschrift ›Brigitte‹. Sie betreibt eine Psychologische Praxis in Hamburg, hält regelmäßig Vorträge, entwickelt psychologische Tests für Fernsehshows und Magazine und hat einen YouTube-Kanal: Dr. Wlodarek Life Coaching.

www.wlodarek.de

Eva Wlodarek

Die Kraft der Wertschätzung

Sich selbst und anderen positiv begegnen

dtv

Von Eva Wlodarek außerdem bei dtv:
Nimm dir die Freiheit, du selbst zu sein

MIX
Papier | Fördert gute Waldnutzung
FSC® C019821

Ungekürzte Taschenbuchausgabe 2020
8. Auflage 2024
dtv Verlagsgesellschaft mbH & Co. KG, München

Umschlaggestaltung: buxdesign | Ruth Botzenhardt
unter Verwendung eines Motivs von shutterstock.com
Gesetzt aus der Scala Serif
Satz: Fotosatz Amann, Memmingen
Druck und Bindung: Druckerei C.H.Beck, Nördlingen
Printed in Germany · ISBN 978-3-423-34981-9

Inhalt

Einführung

Die Bedeutung von sozialer Akzeptanz

Bitte schließen Sie die Augen und erinnern Sie sich so lebhaft wie möglich an eine Situation, in der Sie privat oder beruflich Anerkennung oder Wertschätzung erfahren haben. Vielleicht haben Sie für eine Leistung ein großes Lob bekommen, jemand hat Sie mit warmen Worten empfohlen, eine Freundin hat sich herzlich für Ihre Unterstützung bedankt. Wie haben Sie sich gefühlt? Vermutlich waren Sie stolz, glücklich, gerührt oder tief befriedigt. In jedem Fall dürfte es ein großartiges Gefühl gewesen sein. Tatsächlich befanden Sie sich in einer Art Rausch. Wenn wir – auf welche Weise auch immer – gewürdigt werden, schüttet unser Gehirn körpereigene Opiate aus und reagiert so euphorisch, als ob wir Drogen genommen hätten. Das kommt nicht von ungefähr, denn es handelt sich dabei um eine evolutionsgeschichtlich bedeutsame Erfahrung.

Wenn wir wissen möchten, warum wir auf besondere Zeichen der Akzeptanz durch unsere Umgebung so intensiv reagieren, müssen wir in eine Zeitmaschine steigen. Es geht Millionen Jahre zurück. Wir landen in der afrikanischen Savanne. Dort haben Primaten gerade einen wichtigen evolutionären Sprung zum Menschsein gemacht: Sie haben die Fähigkeit entwickelt, über die Fortpflanzung hinaus soziale Bindungen einzugehen. Das wirkt sich nicht nur auf die Größe ihres Gehirns aus, sondern verschafft ihnen auch einen guten Zusammenhalt bei der Jagd; außerdem gibt es ihnen mehr Sicherheit. Während ein Einzelgänger ständig gefährdet ist, ist es in einer Gruppe leichter, zu überleben. Damit wird es für das Individuum extrem wichtig, von seiner Horde angenommen zu werden.

Zurück in die Gegenwart: Die Forschung sieht in der Frühzeit der Menschheit den Ursprung dafür, dass es sich bei dem Streben nach sozialer Anerkennung um ein evolutionsbiologisch bedingtes grundlegendes Bedürfnis handelt, das uns bis heute genetisch bestimmt. Was für unsere Vorfahren in der Savanne ihre Horde war, ist für uns die soziale Gruppe, in der wir leben, im Privatleben die Familie und der Freundeskreis, im Beruf etwa Vorgesetze, Kollegen oder Kunden. Wir jagen zwar nicht mehr das Mammut, doch von unseren Mitmenschen anerkannt und geschätzt zu werden ist für uns nach wie vor existenziell wichtig. Der amerikanische Philosoph John Dewey vertritt sogar die Ansicht: »Der stärkste Trieb in der menschlichen Natur ist der Wunsch, bedeutend zu sein.« Unser seelisches und mentales Überleben hängt davon ab. Im Vergleich zu einem Bedürfnis nach Nahrung können wir von einem ebenso ausgeprägten Hunger nach Anerkennung sprechen.

Dass wir von unseren Mitmenschen angenommen werden, spielt von Geburt an eine große Rolle. Wenn wir als hilflose Wesen den Mutterleib verlassen, ist es für uns überlebenswichtig. Beim Säugling bezieht sich das zunächst vor allem auf seine Körperwahrnehmung. In dieser Phase hat Akzeptanz außer der praktischen Versorgung die Form von liebevollen Blicken, zärtlichen Berührungen und Ansprache.

Wie verheerend es sich auswirkt, wenn sie fehlt, beweist unter anderem ein ungewolltes Experiment: In einem Waisenhaus in Bukarest wurden Säuglinge und Kleinkinder nur mit dem Nötigsten versorgt, Zuwendung bekamen sie jedoch keine. In der Folge blieben sie in ihrer emotionalen, sprachlichen und körperlichen Entwicklung zurück. Sie zeigten Bindungsängste, waren hyperaktiv und hatten einen deutlich verminderten IQ. Wenn die Sinnesorgane ausgereift sind, entstehen im Gehirn komplexe neuronale Netzwerke. Ab etwa dem dritten Lebensjahr begreift sich ein Kind als eigenständiges Wesen. Von seiner Entwicklung her hat es nun die Fähigkeit erworben, die Reaktionen seiner Umwelt einzuordnen. Dadurch erhält das elementare Bedürfnis nach Akzeptanz noch eine weitere Funktion: Es sorgt für Anpassung an die Gruppe. Um die Zuneigung und Anerkennung seiner Umgebung zu gewinnen, muss sich das Kind ihren Vorstellungen, Überzeugungen und Verhaltensweisen angleichen. Dazu angeleitet wird es außer durch Strafe auch durch Belohnung, etwa in Form von Lob. Immer wenn ein Kind für sein Verhalten Zuspruch erhält, werden im Gehirn positive Botenstoffe ausgeschüttet, die neuronale Verknüpfungen und synaptische Verschaltungen aktivieren. Auf diese Weise lernt der kleine Mensch nachhaltig, was akzeptabel ist. Je öfter er diese Erfahrungen macht, desto intensiver prägen sie sich ein.

Soziale Akzeptanz ist nicht nur für die kindliche Entwicklung von Bedeutung, sondern ebenso für Erwachsene. Sie vermittelt uns unsere Identität. Die anderen sind für uns wie ein Spiegel, in dem wir uns betrachten und unseren Wert einschätzen können. Wenn wir angenommen werden, wirft uns das ein positives Bild zurück. Obwohl es uns meist nicht bewusst ist, durchdringt der Wunsch, von unserer Umgebung wohlwollend wahrgenommen zu werden, unsere gesamte Kommunikation. Selbst bei kurzen Begegnungen sind nonverbale oder verbale Zeichen der Akzeptanz wichtig. Das kann ein Blick, ein Lächeln oder ein Kopfnicken sein, ein Gruß oder ein freundliches Wort. In der Psychologie spricht man von »Streicheleinheiten«, englisch »strokes«.

Fehlen sie, wirkt sich das auf unsere Stimmung aus, etwa wenn ein Nachbar grußlos an uns vorbeigeht oder uns die Kellnerin im Café hartnäckig ignoriert. Das sind allerdings

Peanuts im Vergleich zu größerem Entzug. Wird uns soziale Anerkennung dauerhaft vorenthalten, leiden wir als Erwachsene ebenso wie Kinder. Die Hirnforschung belegt, dass bei isolierten Menschen dieselben Hirnareale aktiviert werden wie bei körperlichem Schmerz. Mobbingopfer zeigen starke Stresssymptome wie Panikattacken, Selbstmordgedanken und Schlaflosigkeit.

Auch als Mittel der Anpassung an eine Gruppe spielt soziale Akzeptanz noch im Erwachsenenalter eine große Rolle. Indem wir für unser Verhalten, unsere Tätigkeit und unsere Eigenschaften Zustimmung erhalten, wissen wir, dass wir uns gemäß den Werten unserer Gruppe auf dem richtigen Weg befinden. Unsere Umgebung versichert uns auf diese Weise: Du gehörst dazu. Du bist für uns wichtig.

Das lässt sich sogar auf die sozialen Medien übertragen. Sean Parker, einer der Weggefährten von Mark Zuckerberg, gab in einem Interview zu, Facebook sei bewusst so konstruiert worden, dass man damit »eine Schwäche der menschlichen Psychologie« ausnutzen könne. Likes und Kommentare führen bei den Nutzern zur Ausschüttung von Glückshormonen, sodass sie immer mehr Zeit mit dem sozialen Netzwerk verbringen.

Sämtliche neurologischen und psychologischen Forschungsergebnisse weisen darauf hin, dass die Signale sozialer Akzeptanz mehr sind als nur eine nette Zugabe. Es handelt sich um ein existenzielles Bedürfnis, das erfüllt werden muss. Niemand von uns kann darauf verzichten, wenn wir seelisch gesund, glücklich und leistungsfähig bleiben wollen.

Die Formen sozialer Akzeptanz

Es reicht längst nicht mehr, dass man uns eine haarige Hand auf die Schulter legt und uns mit einem freundlichen Laut in die Horde aufnimmt. Als Homo sapiens haben wir weitaus höhere Ansprüche an die Signale sozialer Akzeptanz. Sie zeigen sich vor allem als Anerkennung, Wertschätzung und Dankbarkeit. In der Umgangssprache werden diese drei oft gleichwertig benutzt. »Mir fehlt die Wertschätzung«, »Mir fehlt die Anerkennung«, »Ich hätte mehr Dankbarkeit erwartet« – das sagt für uns meist dasselbe aus. Die Vermischung ist verständlich, denn die drei Erscheinungsformen gehen tatsächlich oft ineinander über. Aber es gibt dennoch feine Unterschiede zwischen ihnen. Sich mit denen zu befassen, ist keineswegs Haarspalterei. Sobald es sich nämlich darum dreht, Anerkennung, Wertschätzung oder Dankbarkeit zu bekommen oder sie anderen zu geben, zeigt sich, dass dazu unterschiedliche Strategien notwendig sind. Deshalb ist es sinnvoll, sich die drei hauptsächlichen Ausdrucksformen sozialer Akzeptanz einmal genauer anzuschauen und sie gegeneinander abzugrenzen – auch wenn für den Buchtitel der umfassendste Begriff gewählt wurde.

Bei **Anerkennung** handelt es sich meist um eine gezielte positive soziale Aufmerksamkeit, die auf ein bestimmtes Projekt Bezug nimmt. Ausgedrückt wird sie vor allem mit verbalem Lob: »Sie haben das so lebendig vorgetragen, ich hätte Ihnen noch stundenlang zuhören können«, oder in einem Kompliment: »Die Farbe steht Ihnen ausgezeichnet«, »Das Essen ist köstlich!«. Sie kann auch durch eine Belohnung ausgedrückt werden, vielleicht so: Der Chef schlägt seiner Mitarbeiterin, die intensiv an einem Projekt gearbeitet hat, vor: »Nehmen Sie sich einen Tag frei.« Manchmal erhalten wir Anerkennung auch nur indirekt. Dann steckt sie in den bloßen

Fakten und kommt auf diese Weise ebenfalls bei uns an: Der Name des Verkäufers wird in der Monatsstatistik der Firma an erster Stelle genannt. Das Buch der Schriftstellerin steht auf der Spiegel-Bestsellerliste. Die Doktorarbeit wird mit »summa cum laude« bewertet. Für diejenigen, die in sozialen Medien unterwegs sind, besteht die Anerkennung aus möglichst vielen Likes und Kommentaren. Allen Ausdrucksformen der Anerkennung ist gemeinsam, dass sie nur für eine begrenzte Zeit Gültigkeit haben.

Wertschätzung geht über eine aktuelle Resonanz hinaus. Sie ist das Ergebnis einer länger andauernden positiven Erfahrung mit der Einstellung, dem Verhalten und der Leistung einer Person. Grundlage ist etwa eine kontinuierlich gute Leistung oder ein beständig lobenswertes Verhalten. Wertschätzung erhält man nicht von heute auf morgen, sie muss wachsen. Von daher setzt sie Zeit und Engagement voraus. Doch der Einsatz lohnt sich. Wenn man uns wertschätzt, dürfen wir viel erwarten, etwa dass man auf unsere Meinung Wert legt, wir einen guten Ruf haben und man in unserer Abwesenheit positiv über uns spricht.

Dankbarkeit ist die emotionale Wahrnehmung und Rückmeldung dessen, was jemand für andere tut oder bedeutet. Sie kann sowohl Merkmale der Anerkennung als auch der Wertschätzung zeigen. Wenn wir jemandem einen Gefallen getan haben, wird er uns die Anerkennung dafür in Form eines Dankes ausdrücken, mit einem Anruf, einem Blumenstrauß, einem Geschenk. Damit ist es meist abgegolten. Die Wirkung hält kaum länger an als ein Lob. Dankbarkeit auf der Basis von Wertschätzung bezieht sich dagegen auf einen längeren Einsatz und geht tiefer. Etwa wenn sich der Ehemann bei der Silberhochzeitsfeier in einer anrührenden Rede bei seiner Frau für viele Jahre glücklicher Partnerschaft bedankt.

In jedem Fall wird deutlich ein Dank ausgedrückt.

Wie viel Anerkennung, Wertschätzung und Dankbarkeit brauche ich?

Wir alle wollen wahrgenommen und geschätzt werden, das ist genetisch festgelegt. Unterschiedlich ist aber, in welchem Maß. Was das eigene Bedürfnis betrifft, sind wir oft unsicher, wie ausgeprägt es ist. Meist können wir das nur vage mit »ziemlich groß« oder »eher gering« angeben. Wichtig ist jedoch, genau zu wissen, wie groß unser Wunsch nach positiver Aufmerksamkeit ist. Damit haben wir nämlich einen Ansatz, von dem aus wir uns um Erfüllung bemühen oder eventuell etwas verändern können. Deshalb ist es sinnvoll, mit einem Messinstrument zu erfassen, wie viel Anerkennung, Wertschätzung und Dankbarkeit wir derzeit tatsächlich brauchen. Möglich wäre das mit einem psychologisch fundierten Test, der etwa solche Fragen enthält: »Wie reagierten Ihre Eltern, wenn Sie in der Schule eine schlechte Note nach Hause brachten?« oder »Wie fühlen Sie sich, wenn Sie kritisiert werden?«. So ein Test wäre jedoch nicht nur sehr umfangreich, sondern für unseren Zweck auch unnötig kompliziert. Stattdessen bietet sich eine Rangskala an, wie sie zum Beispiel zur Einschätzung von Glücksempfinden oder Kundenzufriedenheit eingesetzt wird. Dieses ebenso einfache wie aussagekräftige Instrument lässt sich auch auf den Grad unseres Bedürfnisses nach positiver Rückmeldung durch andere anwenden. Dabei spielt es keine Rolle, auf welchem Gebiet wir sie brauchen, ob beruflich oder privat. Es ist auch egal, in welcher Form wir sie haben möchten, sei es als Lob, Einladung oder als Beförderung. Hier geht es einzig und allein darum, wie ausgeprägt generell unser Bedürfnis nach Anerkennung, Wertschätzung und Dankbarkeit ist. Sicher kann es, ähnlich wie das Glücksgefühl, aufgrund einer aktuellen Situation leicht variieren. Wenn wir uns gerade in einer Hochphase befinden, brauchen wir etwas weniger, geht es uns nicht so gut, benötigen wir etwas mehr, aber im Großen und Ganzen bleibt es über die Jahre doch ziemlich stabil.

Die Bedürfnisskala

Wie hoch schätzen Sie insgesamt Ihr Bedürfnis nach Anerkennung, Wertschätzung und Dankbarkeit ein? Machen Sie, ohne lange nachzudenken, auf der Skala an der entsprechenden Stelle Ihr Kreuz.

Es ist möglich, dass Sie Ihr Kreuz am liebsten zwischen zwei Zahlen setzen möchten. Dann entscheiden Sie sich bitte: Geht die Tendenz eher nach oben oder nach unten? Kreuzen Sie die entsprechende Zahl an.

1 = Ich brauche sehr wenig
10 = Ich brauche sehr viel

1-----2-----3-----4-----5-----6-----7-----8-----9-----10

Ergebnis:
1 – 3: Geringes Bedürfnis
4 – 6: Mittelstarkes Bedürfnis
7 – 10: Hohes bis sehr hohes Bedürfnis

Warum das Ergebnis stimmt

Die angekreuzte Zahl ist garantiert die richtige. Wir haben nämlich in unserem Unterbewusstsein von Kindheit an sämtliche Erfahrungen gespeichert, die für den Wunsch nach Anerkennung, Wertschätzung und Dankbarkeit von Bedeutung sind. Dieses Wissen ist uns allerdings nicht ständig präsent.

Außerdem täuschen wir uns gerne, um unserem Ideal von einer souveränen, unabhängigen Persönlichkeit zu entsprechen. Aber auf einer tieferen Ebene kennen wir die Wahrheit. Unsere Intuition, also die nicht durch unseren rationalen Verstand gefilterte Summe unseres Wissens, sorgt dafür, dass wir das Kreuz genau an der passenden Stelle setzen. Von daher ist das Ergebnis nicht willentlich beeinflussbar. Wer bewusst einen niedrigen Wert ankreuzt, weil das seinem Selbstbild schmeichelt, spürt deutlich, dass er sich etwas vormacht.

Ich habe die Skala mit zahlreichen Versuchspersonen ausprobiert. Alle waren in der Lage, sich spontan für eine Zahl zu entscheiden. Einigen war es zwar peinlich, einen hohen Wert angekreuzt zu haben, aber sie gestanden sich ein, dass es zutraf. So sagte eine 43-jährige Physiotherapeutin: »Ich hätte nicht gedacht, dass ich so viel Anerkennung haben will, aber es stimmt. Es liegt wohl daran, dass ich ein kontaktfreudiger Mensch bin, der gerne gut bei anderen ankommen möchte.«

Was das Ergebnis bedeutet

Wir alle brauchen soziale Akzeptanz, aber es spielt durchaus eine Rolle, in welcher Dosis wir sie benötigen. Manche brauchen eher wenig, andere dagegen eine Menge. In diesem Sinne ist ein geringes Bedürfnis nach Anerkennung, Wertschätzung und dankbarer Resonanz zunächst einmal positiv zu bewerten. Hier ist jemand selbstbewusst genug, um nur wenig abhängig von der Zustimmung seiner Umgebung zu sein. Menschen, die fest davon überzeugt sind, dass sie liebenswert sind, müssen das nicht ständig von anderen hören. Auch diejenigen, die sich selbst vertrauen und genau wissen, wie gut sie ihre Aufgabe erfüllen, haben es nicht nötig, dass man ihnen auf ihrem Gebiet viel Bestätigung gibt. Pioniere, die sich auf unbekanntes Terrain wagen, dürfen ohnehin kaum damit rechnen und müssen sich vor allem selbst motivieren. Man denke nur an große ErfinderInnen oder innovative KünstlerInnen. Die haben zunächst statt Zustimmung jede Menge Ablehnung erfahren und trotzdem nicht aufgegeben. Sie wussten: Egal was die anderen sagen, dieser Weg ist für mich richtig. Was berühmte Vorbilder belegen, gilt auch für Normalsterbliche: Wer weitgehend unabhängig von der oft einschränkenden Meinung anderer bleibt, hat die größte Chance, seine wahre Identität zu finden oder seine Berufung auszuleben. Doch ein geringes Bedürfnis nach Anerkennung, Wertschätzung und Dankbarkeitsbezeugungen hat auch eine Schattenseite: Es kann einsam machen. Anerkennung bedeutet schließlich, zu einer Gruppe zu gehören. Indem man überwiegend darauf verzichtet und, wie es so schön heißt, »sein eigenes Ding macht«, besteht die Gefahr, dass man sich isoliert. In dem Fall sollte man einmal in sich hineinhorchen, ob da nicht vielleicht eine trotzige innere Stimme sagt: »Ich komme allein zurecht, ich brauche niemanden.« Wir sollten zumindest einige Menschen haben, deren Urteilsfähigkeit wir vertrauen und von denen wir uns in regelmäßigen Abständen Feedback holen.

Liegt das Bedürfnis nach Anerkennung, Wertschätzung und Dankbarkeit im mittleren Bereich, deutet das darauf hin, dass wir zwar positive Aufmerksamkeit benötigen und schätzen, jedoch nicht im Übermaß davon abhängig sind. Wer mit diesem Ergebnis zufrieden ist, kann sich voll darauf konzentrieren, wie er das gewünschte Maß erhält. Wer allerdings meint, dass es für ihn immer noch zu groß ist, und wer sich mehr innere Freiheit wünscht, der kann sich von den später folgenden Hinweisen, wie sich ein starkes Bedürfnis reduzieren lässt, anregen lassen.

Ein hohes bis sehr hohes Bedürfnis beeinflusst das Verhalten besonders stark. Das muss nicht unbedingt negative Folgen haben, es kann sogar äußerst motivierend sein. Möglicherweise regt es dazu an, die Karriereleiter hochzuklettern oder positive Eigenschaften zu entwickeln, um beliebt zu sein. Doch es ist auch gefährlich: Wir machen unser Glück von der Zustimmung anderer abhängig. Bleibt sie aus, sind wir deprimiert und zweifeln an uns. Außerdem sind wir manipulierbar. Wir verfolgen dann nicht, was uns selbst entspricht, sondern das, was andere für richtig halten. Von daher ist es notwendig, dass wir uns zunächst ausführlich mit den Ursachen eines großen Bedürfnisses nach Anerkennung, Wertschätzung und Dankbarkeit befassen. Dann wissen wir, wo wir ansetzen müssen, um es zu verringern.

Gründe für ein großes Bedürfnis nach positiver Resonanz

Falls wir gegenwärtig besonders viel Anerkennung, Wertschätzung und dankbare Rückmeldung brauchen, liegt der Grund dafür fast immer in Erfahrungen aus unserer Kindheit. Während dieser sensiblen Phase unseres Lebens prägt das Verhalten der Menschen in unserer nächsten Umgebung unser Selbstbild und unser Wertgefühl. Wir nehmen gläubig auf, was uns unsere Bezugspersonen vermitteln. Weil wir dem noch nichts an Erfahrung oder Wissen entgegenzusetzen haben, halten wir die direkten und indirekten Botschaften über uns für die Wahrheit und verinnerlichen sie. Darunter sind auch solche, die sich negativ auswirken und später zu einem erhöhten Bedürfnis nach sozialer Anerkennung führen können. Ein Mangel an Liebe, Verständnis, Unterstützung oder Zuwendung in dieser Zeit wird vielleicht verdrängt, aber niemals vergessen. Er wirkt in unserem Unbewussten weiter, steuert unsere Gefühle und unser Verhalten noch als Erwachsene. Wenn wir also spüren, dass der Wunsch nach Anerkennung, Wertschätzung und Dankbarkeit uns gegenwärtig stärker bestimmt, als uns lieb ist, sollten wir uns zunächst mit möglichen Auslösern in unserer Lebensgeschichte befassen. Indem wir uns die frühen Ursachen bewusst machen, schaffen wir die Voraussetzung dafür, dass wir ihre heimliche Wirkung entkräften können. Die folgenden problematischen Ausgangssituationen kommen besonders häufig vor, in vielfältigen Variationen. Gewiss sind sie nicht die einzigen möglichen Ursachen. Aber es geht hier auch nicht um eine vollständige Aufzählung, sondern darum, uns dafür zu sensibilisieren, dass ein starkes Verlangen nach Aufmerksamkeit, Wertschätzung und Dankbarkeit nicht von ungefähr kommt.

Liebe für Leistung

Manche Kinder werden nur beachtet, wenn sie sich mit besonderen Leistungen hervortun – etwa in der Schule Bestnoten erreichen, ein Ass im Sport sind, auffällig gut aussehen oder Wettbewerbe gewinnen. Andernfalls zeigt sich die Umgebung enttäuscht und reagiert gar mit Liebesentzug. In der extrem ehrgeizigen Familie von John F. Kennedy galt die Regel: »Come in first, second place is failure.« Wer nicht als Erster durchs Ziel geht, hat schon versagt. Was dazu führte, dass ein von Schmerzen geplagter, mit Medikamenten vollgepumpter Mann das Präsidentenamt anstrebte und sein Bruder auch nach dem blutigen Attentat alles daransetzte, sein Nachfolger zu werden.

Von Klienten habe ich in meiner Praxis häufig gehört, dass

ihre Eltern enttäuscht waren, wenn sie in der Klassenarbeit nur ein »Gut« mit nach Hause brachten. Erwartet wurde selbstverständlich ein »Sehr gut«. Ebba, eine 42-jährige Apothekerin, erinnert sich daran, dass sie nach einer Zwei in der Französischarbeit zur Strafe den ganzen Nachmittag lang Vokabeln lernen musste. Da ist es kaum verwunderlich, wenn ein Kind später selbst seinen Wert an Leistung koppelt und dafür die Zustimmung seiner Umgebung haben möchte.

Übermäßiges Verwöhnen

Ebenfalls kritisch, wenn auch nicht gleich als lieblos durchschaubar, ist es, wenn ein Kind zu sehr verhätschelt wird und man ihm keine Grenzen setzt. Wer so heranwächst, hält sich für den Nabel der Welt und erwartet auch später ständig Zustimmung für das, was er tut. Typisch für diesen Erziehungsstil erscheint mir eine Szene, die ich kürzlich in einem Modegeschäft beobachtete: Eine Mutter probiert ein Kleid an, ihr fünfjähriger Sohn schlägt derweil mit einer metallenen Gürtelschnalle auf den Spiegel ein. Die Verkäuferin weist sehr freundlich darauf hin, dass der Spiegel kaputtgehen könnte. Daraufhin sagt die Mutter empört: »Machen Sie sich lieber Gedanken darüber, dass sich mein Sohn verletzen könnte!«

Ähnlich fatale Folgen kann es haben, wenn Eltern fest von der Grandiosität ihrer Kinder überzeugt sind. Was immer die Kids vorzeigen, wird als großartig gelobt. Haben sie ein nettes Bild gemalt, verrät es gleich künstlerisches Genie, ein durchschnittlicher Schulaufsatz lässt zukünftigen Schriftstellerruhm ahnen. Die kleinen Prinzen und Prinzessinnen verinnerlichen, dass sie klüger, geschickter, talentierter oder hübscher sind als Gleichaltrige in ihrer Umgebung. Man sollte meinen, auf diese Weise würden sie genug Anerkennung bekommen, um später kaum darauf angewiesen zu sein. Doch die traurige Wahrheit ist, dass diese Kinder nicht wirklich gesehen werden und von daher kein realistisches Selbstbild aufbauen können. Als Erwachsene brauchen solche hochgelobten Sprösslinge weiterhin die Bestätigung, etwas Besonderes zu sein, und reagieren oft tödlich beleidigt, wenn nicht jeder fantastisch findet, was sie tun oder sagen.

Emotionaler Missbrauch

Emotional ausgenutzte Kinder können kein Gespür für ihre eigenen Bedürfnisse entwickeln, aber umso mehr für die ihrer Umgebung. Als Erwachsene tun sie dann meist zu viel für andere, um Anerkennung, Wertschätzung und Dankbarkeit zu bekommen. Das verursachen Eltern, die überwiegend mit sich selbst beschäftigt sind, etwa weil sie an einer körperlichen oder psychischen Krankheit leiden. Ein sensibles Kind erkennt schnell, dass es sich möglichst pflegeleicht verhalten muss. Oft übernimmt es die Aufgabe, die Eltern zu unterstützen. Wie Britta, eine 29-jährige Illustratorin, deren Mutter unter Depressionen litt. Wenn die kleine Britta aus der Schule kam, schaute sie schon auf dem Weg zum Haus ängstlich, ob die Vorhänge zugezogen waren. Das bedeutete nämlich, dass sich Mama wieder schlecht fühlte. Dann war es Brittas Aufgabe, sie aufzumuntern. Ihre eigenen Gefühle waren unwichtig.

Absolute Zuwendung verlangen auch Eltern, die in puncto Anerkennung selbst ein Defizit haben. Sie benutzen ihren Nachwuchs zur eigenen Bestätigung und verlangen von ihren Kindern, gelobt, umschmeichelt und getröstet zu werden. Die kleine Melanie, heute mit 48 Jahren eine engagierte Ärztin, lernte schon früh, dass die Augen ihrer Mutter aufleuchteten, wenn sie ihre Ärmchen um deren Hals schlang und sagte: »Mami, ich hab dich so lieb!« Nur war das kein Ausdruck eines echten Gefühls, sondern eine eingeforderte Formel. Timo, ein 36-jähriger Sozialpädagoge, musste sich bereits mit fünf Jahren anhören, wie unglücklich seine Mutter über die Affären seines Vaters war. Wenn sie weinte, kletterte er auf ihren Schoß und tröstete sie: »Nicht traurig sein, du hast doch mich.«

Einsame Kindheit

Einsame Kinder brauchen als Erwachsene oft viel soziale Bestätigung, um ihre innere Isolation zu überwinden und die Verbundenheit mit anderen Menschen zu spüren. Ein Kind, dessen Eltern kaum Zeit mit ihm verbringen, zweifelt an seiner Bedeutung. Es bezieht ihre häufige Abwesenheit auf sich und schließt daraus, dass es unwichtig oder nicht liebenswert genug ist. Natürlich hat der Zeitmangel nicht immer freiwillig gewählte Gründe. Oft müssen beide Eltern oder Alleinerziehende arbeiten, um es finanziell über die Runden zu schaffen. Das verstehen Kinder noch am ehesten, weil sie mitbekommen, dass ihre Erziehungsberechtigten selbst darunter leiden und gerne mehr Zeit mit ihnen verbringen würden. Doch häufig handelt es sich um Paare, die gemeinsam ein Geschäft führen, denen ihre Karriere wichtig ist oder die sich stark sozial engagieren. Um ein Kind als eigenständige Persönlichkeit wahrzunehmen, braucht es aber nun mal Zeit für Zuwendung. Erschöpfte oder desinteressierte Eltern sind dazu kaum in der Lage.

Vor einiger Zeit moderierte ich ein Treffen von inzwischen erwachsenen Pastorenkindern. Sämtliche TeilnehmerInnen berichteten, dass sie immer das Gefühl hatten, nur nebenher zu laufen. An erster Stelle standen die Mitglieder der Kirchengemeinde, für deren Ansprüche immer Zeit war. Eine Pastorentochter erzählte, wie der Heiligabend in ihrer Kindheit verlief. Nach der Christmette fuhr ihr Vater die älteren Besucher persönlich mit seinem Auto nach Hause, oft in weit entfernte Orte. Inzwischen kümmerte sich ihre Mutter liebevoll um die Obdachlosen, die bei ihnen im Wohnzimmer zu Gast waren. Sie selbst saß traurig in ihrem Zimmer. Kinder von Geschäftsleuten berichten von ähnlichen Erfahrungen, bei ihnen hatten die Wünsche der Kunden immer Vorrang. Ebenso haben es diejenigen erlebt, deren Eltern ihre eigene Karriere intensiv verfolgten. Der heute 36-jährige Sohn eines Professoren-Ehepaares erzählte mir, dass er als Kind hauptsächlich von Au-pair-Mädchen betreut wurde.

Übertriebene Anpassung

Bei Kindern von ängstlichen, angepassten Eltern besteht die Gefahr, dass sie als Erwachsene ihrerseits versuchen, möglichst viel Anerkennung über Wohlverhalten zu erreichen. Natürlich achten die meisten Eltern darauf, dass sich ihr Nachwuchs in die Umgebung einfügt. Kritisch wird es jedoch, wenn die Erziehung zu ausgeprägter Konformität führt und das Kind keine Eigenheit mehr zeigen darf. Die Überlegung »Was werden die anderen sagen?« bestimmt dann das gesamte Verhalten der Familie. Dahinter steckt die eigene Angst der Eltern, kritisiert und nicht akzeptiert zu werden. Diese Angst überträgt sich auf ihre Kinder, die dann als Erwachsene oft ihrerseits intensiv Anerkennung durch Übereinstimmung suchen. Wie Corinna, eine 41-jährige Lehrerin. Sie wuchs in einer süddeutschen Kleinstadt auf, in der jeder jeden kannte. Ihren streng katholischen Eltern war das Allerwichtigste, was die Nachbarn und der Herr Pfarrer sagten. Corinna erinnert sich an Sätze wie: »So gehst du mir nicht aus dem Haus, was sollen denn die Leute denken«, »Benimm dich bloß anständig, das fällt sonst auf uns zurück«, »Wehe, wir hören Klagen über dich!«. Noch immer überlegt Corinna sorgfältig, wie ihre Worte auf ihr Gegenüber wirken könnten. Um anerkannt zu werden, redet sie anderen nach dem Mund. Martin, ein 39-jähriger Informatiker, hat Ähnliches erlebt. Seine Eltern führten eine Pension. Martin wurde angehalten, immer freundlich zu sein. Vater und Mutter waren mit ihm zufrieden, wenn sie hörten: »Sie haben aber einen netten Jungen.« Bis heute sucht er Anerkennung, indem er besonders zuvorkommend und umgänglich ist.

Abwertung

Wer als Kind abgewertet und gedemütigt wurde, benötigt später ein hohes Maß an positiver Aufmerksamkeit, um seine permanente Selbstkritik zum Verstummen zu bringen. In meinen Seminaren war ich oft sehr betroffen, was nahestehende Personen mit ihren bösen Urteilen angerichtet hatten. Vor mir saßen wunderbare Menschen, sensibel, empathisch, tüchtig, objektiv erfolgreich – aber nicht ihrem persönlichen Empfinden nach. Sie sahen sich immer noch durch die Brille von Mutter oder Vater, die ihnen seinerzeit vermittelt hatten: Du bist dumm. Du taugst nichts. Du kannst nichts. Aus dir wird nie etwas. Dich wird keiner lieben. Sie hatten das so verinnerlicht, dass sie es in Form einer negativen inneren Stimme nun selbst wiederholten und für die Wahrheit hielten.

Ausgrenzung

Kinder mit einer körperlichen Einschränkung, etwa mit Übergewicht oder einem Sprachfehler, die schwächlich sind, sich nicht gut bewegen können oder Hautprobleme haben, werden oft von Gleichaltrigen gehänselt oder gemobbt. Wer mit seinem Äußeren oder Auftreten nicht der Norm entspricht, erfährt statt Anerkennung Ausgrenzung, Häme und Anfeindungen. Das schmerzt besonders in jungen Jahren, in denen das Selbstbewusstsein noch wenig gefestigt ist. Erwachsene, die als Kind darunter gelitten haben, erinnern sich deutlich an die negativen Reaktionen auf ihr Defizit. Ihr Bedarf an Anerkennung ist oft selbst dann noch groß, wenn die Einschränkung schon längst nicht mehr besteht, etwa der körperliche Makel behoben ist oder sich die äußeren Bedingungen geändert haben. Zumindest liegt in der frühen Verletzung häufig der Antrieb, besonders erfolgreich zu sein. So war es bei Udo, einem 52-jährigen Unternehmer. Als Kind wurde er ständig wegen seiner abstehenden Ohren aufgezogen. »Da kommt Dumbo« war noch einer der netten Scherze. Dumbo ist der kleine Elefant bei Walt Disney, der seine Ohren breit stellen und damit durch die Luft segeln kann. Damals schwor er sich: »Euch werde ich es noch allen zeigen!« Auch Lisa, ein 22-jähriges Model, litt als Teenager unter dem Spott ihrer Mitschüler. Weil sie groß und dünn war, musste sie sich dumme Sprüche anhören: »Ja, ist denn schon Spargelzeit?« oder »Du bist schön wie Schneewittchen – ohne Arsch, ohne Tittchen.« Für sie war es eine große Genugtuung, als zum ersten Mal ihr Foto auf dem Cover einer Modezeitschrift erschien.

Zum Außenseiter kann man auch werden, wenn sich die Familie von der übrigen Umgebung abhebt, etwa durch den Dialekt, die Religion oder Armut. Camilla, eine 64-jährige Buchhändlerin, war als Kind ziemlich isoliert. Ihre Eltern stachen in ihrer Lebensweise von den anderen Kleinstadtbewohnern ab, sie gehörten zu den Anthroposophen. Damals war diese spirituell-esoterische Richtung weitgehend unbekannt und die Toleranz dafür gering. Camilla trug keine normalen Kleider, sondern selbst gestrickte wollene Gewänder. Niemand lud die merkwürdige Camilla zum Kindergeburtstag ein.

Bei solchen Erfahrungen ist es gewiss kein Wunder, dass ausgegrenzte Kinder als Erwachsene einen großen Hunger danach haben, endlich Zeichen der Zugehörigkeit zu bekommen.

Sich selbst auf die Spur kommen

Wir müssen uns auf unsere Vergangenheit einlassen, um zu erforschen, was uns gefehlt hat. Es gibt ein bewährtes Hilfsmittel, mit dem es uns leichter gelingt, uns wieder in diese Zeit zu versetzen: ein Foto, das uns als Kind im Alter zwischen vier und sechs Jahren zeigt. In Psychotherapien habe ich erlebt, wie viele Emotionen beim Betrachten hochkommen können. Die Erinnerungen können sehr schmerzlich sein. Trotzdem sollten wir uns damit befassen, denn das ist die Grundlage für eine positive Veränderung. Wenn wir mit diesem Kind, das wir einmal waren, Kontakt aufnehmen, wird es uns erzählen, worunter es gelitten hat, wo es zu kurz gekommen ist, wo man es überfordert oder missachtet hat. Wenn wir die Ursachen kennen, sind wir nicht mehr unserem Unterbewusstsein ausgeliefert, das uns dazu treibt, immer wieder ein großes Maß an Anerkennung zu verlangen. Wir können aktiv daran arbeiten, die alten Wunden zu schließen, und dadurch mehr Wahlfreiheit in unserem Verhalten gewinnen.

Alte Wunden heilen

Wenn wir durch fehlende Zuwendung oder negative Umstände in frühen Jahren auf manchen Gebieten kein stabiles Selbstbewusstsein entwickeln konnten, versuchen wir oft als Erwachsene, einen Ausgleich herzustellen. Für viele ist der starke Wunsch, endlich Anerkennung, Wertschätzung oder Dankbarkeit zu bekommen, eine Triebfeder für ihren Erfolg. An Stars und Führungspersönlichkeiten, die nach eigenen Aussagen einst von ihrer Umgebung Ablehnung erfuhren, kann man das besonders gut beobachten. Sie haben alles darangesetzt, um über ihre Prominenz oder ihre Position die ersehnte Anerkennung zu erhalten. So erinnert sich der Social-Media-Star Riccardo Simonetti, einer der erfolgreichsten Blogger Deutschlands, noch genau daran, wie er in der bayerischen Kleinstadt, in der er aufwuchs, von Mitschülern grausam gemobbt wurde, weil er nicht der Norm entsprach. Heute holt er sich seine Anerkennung im Internet von mehr als hunderttausend Fans. In einem Interview sagt er: »Ich habe meinem Blog wirklich, wirklich viel zu verdanken! Durch ihn kann ich machen, was ich immer wollte: Mich als der Mensch ausleben, der ich wirklich bin, ohne mich dafür zu rechtfertigen. Ich werde für die Eigenschaften geschätzt, für die ich in der normalen Welt kritisiert werde.« Fantasievolle Kleidung und exzentrisches Verhalten sind nun sein Markenzeichen.

Dass private und berufliche Lebensziele aus einem starken Wunsch nach Anerkennung angestrebt werden, gilt nicht nur für prominente Persönlichkeiten. Mit so mancher Leistung wird bewusst oder unbewusst ein früher Mangel kompensiert. Meist bemüht man sich intensiv darum, auf demjenigen Gebiet positiv wahrgenommen zu werden, auf dem man früher ein Defizit hatte: Wir erwerben einen Doktortitel, um zu beweisen, dass wir nicht dumm sind. Tragen als Ausgleich für frühe Hänseleien wegen »unmöglicher Klamotten« nur noch teure Designerkleidung. Arbeiten mit Diät und Fitness an einer Superfigur, um das unglückliche dicke Kind zu vergessen. Gründen eine Firma, um Respekt zu bekommen. Nehmen Ehrenämter an, um uns wichtig zu fühlen. Werden Model, um uns zu bestätigen, dass wir kein hässliches Entlein mehr sind. Halten mitreißende Vorträge, damit uns endlich einmal jemand zuhört. Verdienen viel Geld, um attraktiv zu sein. Pflegen einen großen Bekanntenkreis, um uns unserer Beliebtheit zu versichern.

Natürlich sind solche Aktivitäten nicht automatisch auf einen großen Wunsch nach Anerkennung und Wertschätzung zurückzuführen. Den Unterschied macht das Motiv: Das Engagement ist weniger der puren Freude an der Sache geschuldet, sondern dient vor allem dem Zweck, die ursprüngliche Verletzung nicht mehr zu spüren.

Warum Kompensation nützlich ist

Dass wir auf diese Weise unsere früh entstandene Lücke füllen, ist durchaus sinnvoll. Wenn es uns als Erwachsenen gelingt, eine länger andauernde positive Erfahrung zu machen, kann das die negative auslöschen. Wem später oft genug bestätigt wird, dass er tüchtig, liebenswert, klug oder attraktiv ist, der lernt möglicherweise, es zu glauben. Dann verwandelt sich das traurige Selbstbild von einst. Es handelt sich nur noch um eine Erinnerung, die zu unserer Lebensgeschichte gehört, aber keinen großen Einfluss mehr auf die Gegenwart hat. Im besten Fall ist eine neue, realistische Wahrnehmung der eigenen Persönlichkeit entstanden. Von daher ist es ein guter Weg, eine Zeit lang das Defizit von früher zu kompensieren. Ist der Nachholbedarf groß, kommen wir selten ohne diesen Ausgleich aus. Wir können uns mit Energie und Kreativität holen, was uns früher gefehlt hat. In dieser Phase dürfen wir so viel davon aufnehmen, wie wir bekommen können, gemäß dem Spruch: Woher soll ich wissen, wie viel genug ist, bevor ich es habe?

Manchmal geschieht es dann ganz von selbst: Wir haben ausreichend Zuspruch bekommen und stellen fest, dass wir endlich »satt« sind. Es ist nicht länger nötig, dass man uns sagt, wir sähen gut aus, seien klug oder liebenswert – wir wissen in unserem Innern, dass es wirklich so ist! Der alte Mangel ist behoben und beeinflusst uns kaum noch.

Elena, 39, trug als Kind wegen eines Sehfehlers eine Brille mit dicken Gläsern und war übergewichtig. Ihre Umgebung ließ sie schmerzhaft spüren, dass sie unansehnlich war. Später verwandelt sie sich mit großer Anstrengung vom hässlichen Entlein zum Schwan. Sie nimmt ab, trägt Kontaktlinsen, kleidet sich sorgfältig. Ihr Aussehen ist ihr enorm wichtig. Ohne komplettes Make-up geht sie nicht einmal zum Briefkasten. Sie sorgt dafür, dass sie immer wieder hört: »Du siehst großartig aus.« Die vielen Komplimente wirken sich im Laufe der Zeit positiv auf ihr Selbstbild aus. Schließlich ist sie mit ihrem Aussehen zufrieden und nimmt es weniger wichtig. Sie hat es nicht mehr nötig, sich in den Augen der anderen zu spiegeln. Zwar achtet sie immer noch auf ihr Äußeres, aber sie muss nicht mehr top gestylt aus dem Haus gehen oder viel Geld für Kleidung ausgeben.

Wie befreie ich mich von dem großen Wunsch nach Anerkennung?

Es ist allerdings auch möglich, dass uns eine erfolgreiche Kompensation dazu verführt, uns ständig auf demselben Gebiet Anerkennung zu holen. Weil es inzwischen so gut funktioniert, verhalten wir uns in immer gleicher Weise. Das kann uns daran hindern, unser volles Potenzial zu entfalten. Deshalb sollten wir uns irgendwann von der Fixierung auf diesen Bereich lösen. Dabei kann uns der Gedanke helfen, dass Leben ständige Veränderung bedeutet und ohnehin nichts bleibt, wie es ist. Deshalb ist es sinnvoll, den Zeitpunkt rechtzeitig selbst zu bestimmen, an dem wir unser altes Verhaltensmuster loslassen wollen. Diese Entwicklung erfordert allerdings eine mentale und emotionale Anstrengung. Während einer Übergangszeit müssen wir uns vor jeder Aktion auf dem betreffenden Gebiet fragen: Warum tue ich das? Um Zuspruch zu bekommen – oder weil es mir Freude macht? Dient unser Engagement nur der Anerkennung, sollten wir bewusst darauf verzichten. Zunächst wird das nicht einfach sein, doch je öfter wir es tun, desto leichter fällt es.

Besonders schwierig ist es allerdings, die Kompensation aufzugeben, wenn unsere Bemühungen bisher noch nicht den gewünschten Erfolg hatten. Wir haben uns angestrengt, aber trotzdem nicht genügend Anerkennung erhalten. Das muss keineswegs daran liegen, dass wir nicht gut genug sind, sondern dass viele Unwägbarkeiten eine Rolle spielen und sich manches einfach unserer Kontrolle entzieht. So hat etwa der Wirtschaftswissenschaftler Robert H. Frank nachgewiesen, dass ein glücklicher Zufall in erfolgreichen Lebensläufen eine weitaus größere Rolle spielt, als man bisher angenommen hat. Ob wir Glück haben oder zur richtigen Zeit am richtigen Ort sind, liegt eben nicht allein in unserer Hand. Wenn wir über lange Zeit alles versucht haben, sollten wir unsere Zielsetzung, unser Handeln und unser Verhalten nicht länger verbissen auf den Wunsch nach Anerkennung ausrichten. Damit machen wir uns nur unglücklich.

Das intensive Streben nach Anerkennung loszulassen, wird sich zunächst wie Versagen oder Aufgeben anfühlen. Wir müssen uns deshalb bewusst machen, dass unser Wert nicht von der Rückmeldung unserer Umgebung abhängt. Wir sollten uns fragen: Was würde ich anders machen, wenn mir die Anerkennung auf diesem Gebiet nicht so wichtig wäre? Wie würde ich mich verhalten? Vielleicht wären wir dann entspannter, kreativer, experimentierfreudiger oder wir würden unsere Energie an anderer Stelle einsetzen.

Lukas, 52, Sachbuchautor, ist von Kindheit an auf Leistung gepolt. Er schreibt vor allem, weil er einen Bestseller landen will. Bisher ist ihm das allerdings noch nicht gelungen. Bei jedem neuen Buch hofft er darauf und macht sein Glück von den Verkaufszahlen abhängig. Sie bedeuten für ihn messbare Anerkennung. Steigen die Zahlen etwa nach einem Radiointerview an, geht es ihm gut. Stagnieren sie, ist er deprimiert. Dass ihm einige LeserInnen schreiben, seine Bücher würden ihnen viel bedeuteten, freut ihn zwar, hilft ihm aber nicht über das Gefühl der Erfolglosigkeit hinweg. Als er schließlich erkennt, dass er den Wert seiner Arbeit von Zahlen abhängig macht, die er ohnehin kaum beeinflussen kann, setzt er bewusst einen anderen Schwerpunkt. Er ruft die Verkaufszahlen nicht mehr regelmäßig ab. Es wird ihm zunehmend wichtiger, Freude am Schreiben zu haben und andere mit seinen Büchern zu inspirieren. Die freundlichen Leserbriefe hängt er an seine Pinnwand.

Nach einer angemessenen Zeit auf die Kompensation zu verzichten, bedeutet nicht, dass wir ab jetzt auf dem jeweiligen Gebiet keinen Wunsch nach Anerkennung, Wertschätzung oder Dankbarkeit mehr haben oder sie nicht in vollen Zügen genießen dürfen. Es geht darum, dass wir sie nicht länger benötigen, um uns unseren Wert als Mensch oder die Qualität unserer Leistung zu bestätigen. Haben wir das erreicht, bedeuten sie eine angenehme Bestätigung – mehr nicht.

Wenn der Wunsch nach Anerkennung zur Sucht wird

Bei einigen Menschen ist das Verlangen nach Anerkennung und Wertschätzung so extrem, dass es höchstens mit einer Psychotherapie behoben werden kann. Sie halten sich für grandios und fordern von ihrer Umgebung rückhaltlose Zustimmung. Schon auf die leiseste Kritik reagieren sie wütend. Dabei zeigen sie einen erschreckenden Mangel an Empathie und benutzen andere ausschließlich für ihre Zwecke. Es handelt sich um typische Eigenschaften einer ausgeprägt narzisstischen Persönlichkeit.

In diesem Zusammenhang fand ich ein Video von Donald Trump recht aufschlussreich: Der nach eigener Ansicht erfolgreichste US-Präsident aller Zeiten, dem Psychiater per Ferndiagnose Narzissmus bescheinigen, rief zu Beginn seiner Amtszeit sein vollständiges Kabinett zusammen. Vor laufenden Kameras forderte er seine MitarbeiterInnen zu einer Vorstellungsrunde auf. Sie nutzten die Gelegenheit, um ihm in überschwänglicher Weise zu huldigen. Der Vizepräsident etwa erklärte, es sei »das größte Privileg seines Lebens, diesem Präsidenten zu dienen, der seine Versprechen dem Volk gegenüber einlöst«. Der Arbeitsminister flötete: »Ich möchte Ihnen für Ihr Bekenntnis zu den amerikanischen Arbeitern danken.« Der aus Mississippi kommende Landwirtschaftsminister schmeichelte: »Sie werden dort geliebt.« Im Internet sorgte der peinliche Auftritt für Hohn und Spott. Dabei haben die Damen und Herren des Kabinetts mit Blick auf ihre Karriere intuitiv alles richtig gemacht: Für einen Narzissten kann die Anerkennung nicht dick genug aufgetragen werden. Verweigert man sie, sind Hass und Rache die Folge.

Menschen mit einer narzisstischen Persönlichkeitsstörung empfinden ihr Verhalten nicht als problematisch und leiden keineswegs unter ihrer extremen Forderung nach Anerkennung und Wertschätzung. Im Gegenteil, sie halten sich für überlegen und finden es völlig gerechtfertigt, dass ihre Umgebung das entsprechend würdigt. Von daher lehnen sie auch jede professionelle Hilfe ab. Wenn sich ein Narzisst überhaupt auf eine Psychotherapie einlässt, muss sein Leidensdruck schon sehr hoch sein, etwa weil er durch sein Verhalten eine schwere berufliche oder private Niederlage erlitten hat.

Um es ganz deutlich zu sagen: Hierbei handelt es sich um eine pathologische Persönlichkeitsstörung. Mit einem normalen Wunsch nach Anerkennung, selbst wenn er aufgrund eines frühen Mangels besonders groß sein sollte, hat narzisstisches Verhalten nichts zu tun. Wer sich Gedanken darüber macht, ob er vielleicht zu sehr nach Anerkennung strebt, ist ganz gewiss kein krankhafter Narziss. Der würde sich diese Frage nämlich gar nicht erst stellen.

Anerkennung

Sich selbst Anerkennung geben

Bevor wir uns darum bemühen, Anerkennung von anderen zu bekommen, müssen wir zunächst den allerwichtigsten Schritt tun: Wir müssen bei uns selbst anfangen und uns Anerkennung geben. Der Grund dafür ist, dass wir uns in einer verborgenen Wechselwirkung mit unserer Umgebung befinden. Unsere Einstellung zu uns selbst beeinflusst sie weitaus mehr, als uns bewusst ist. Wenn wir uns nicht selbst anerkennen, werden es früher oder später auch unsere Mitmenschen nicht tun. Von daher ist es wichtig, dass wir diese Vorgänge durchschauen und dafür sorgen, dass wir uns selbst in positivem Licht sehen.

Unser heimliches Drehbuch

Das heimliche Drehbuch, nach dem wir unsere Erlebnisse gestalten, ist unser Selbstkonzept. Darunter versteht man sämtliche stabilen Vorstellungen, die wir von unserer Person haben. Kurz gesagt enthält unser Selbstkonzept alles, was wir dauerhaft über uns denken. Auch wenn es uns kaum bewusst ist, haben wir eine ziemlich feste Meinung von uns. Testen Sie doch selbst einmal, wie Sie die folgenden Fragen für sich beantworten: Sind Sie intelligent? Sind Sie mit Ihrer Arbeit meist erfolgreich? Meinen Sie, dass Sie anderen Menschen etwas bedeuten? Sind Sie diszipliniert? Halten Sie sich für kreativ? Sind Sie hilfsbereit? Wie steht es mit Ihrem handwerklichen Geschick? Sind Sie sprachbegabt? Das ist nur eine kleine Auswahl von Fragen, die Hinweise darauf geben können, welches Bild wir von uns haben. Das Selbstkonzept beschreibt, wie wir uns aktuell einschätzen. Falls es insgesamt dem eines erfolgreichen Menschen entspricht, denken, sprechen und handeln wir auch so. Das Gleiche gilt, wenn wir uns als Pechvogel oder Versagertyp sehen.

Und jetzt kommt scheinbar Magie ins Spiel: Verblüffenderweise verhalten sich die Menschen uns gegenüber so, wie wir es erwarten: Sie trauen uns viel zu und unterstützen uns gerne – oder werten uns ab und ignorieren uns. Sie reagieren, als ob sie unsere geheimsten Gedanken lesen könnten, und verhalten sich entsprechend unserer eigenen Einschätzung. Offenbar wirken sich Kontakte unabhängig von dem aus, was wir auf der bewussten Ebene verhandeln. Je nachdem wie intensiv sie sind, übertragen sich unsere Gefühle und sogar unsere Gedanken auf unser Gegenüber. Das geschieht auf einem subtilen Weg, den der Psychologe Daniel Goleman als »unteren Pfad« bezeichnet, im Gegensatz zu dem »oberen Pfad« des bewussten Austausches. Inzwischen weiß man dank der Neurowissenschaften mehr über den unbewussten Einfluss, den Menschen aufeinander haben. Nervenverbindungen in unseren Augen führen unmittelbar zu einer zentralen Hirnregion, in der Emotionen verarbeitet werden, nämlich dem orbitofrontalen Kortex, abgekürzt OFK. Der OFK liegt direkt hinter dem Brauenbogen an der Schnittstelle zwischen dem obersten Teil der emotionsverarbeitenden Zentren und dem untersten Teil der für das Denken zuständigen Gehirnregion. Dabei verbindet er drei wichtige Areale miteinander: den Kortex, unser denkendes Gehirn, die Amygdala, welche die meisten Gefühle auslöst, und das Reptiliengehirn, zuständig für automatisch ablaufende Reaktionen. Das Zusammenspiel dieser drei ermöglicht eine schnelle Koordination von Gedanken, Gefühlen und Handlungen. Sobald sich zwei Personen anschauen, treten ihre OFKs miteinander in Verbindung. Schon beim ersten Blickkontakt wissen wir, was wir für jemanden empfinden. Wir registrieren, wie er uns wahrnimmt, und entscheiden, wie wir uns im Einklang mit seiner Reaktion verhalten wollen. Das geschieht blitzschnell. In einer amerikanischen Studie sollten Studenten innerhalb von drei bis zehn Minuten jeweils einen ihnen unbekannten Kommilitonen danach beurteilen, ob sie sich mit ihm anfreunden könnten oder ob es bei einer flüchtigen Bekanntschaft bleiben würde. Zwei Monate später zeigte sich, dass sie auf der Basis ihres ersten Eindrucks erstaunlich gut vorhergesagt hatten, wie sich die Beziehung tatsächlich entwickelte. Dabei wäre dazu nicht einmal die Zeitvorgabe von mehreren Minuten nötig gewesen. Wenn wir jemanden kennenlernen, beginnt die Einschätzung schon im ersten Drittel einer Sekunde. Noch bevor wir mit Worten beschreiben können, wie wir den anderen wahrnehmen, haben wir bereits unser Urteil gefällt. Einen wichtigen Anteil an dem informellen Austausch haben auch die sogenannten Spiegelneuronen. Die Entdeckung dieser speziellen Art der Nervenzellen im Jahre 1995 durch den italienischen Neurowissenschaftler Giacomo Rizzolatti war eine echte Sensation. Wir wissen nun, dass Spiegelneuronen dafür sorgen, dass wir die Gefühle unseres Gegenübers entschlüsseln und aufnehmen.

Warum wir bekommen, was wir ausstrahlen

Hier liegt des Rätsels Lösung, warum wir auch in puncto Anerkennung meist gemäß unseren eigenen Erwartungen behandelt werden: Unsere Mitmenschen nehmen unbewusst unsere Einstellung zu uns selbst auf und reagieren entsprechend. Das ist übrigens weniger geheimnisvoll, als es klingt.

Der Vorgang ist sogar recht einfach zu erklären: Was wir über uns selbst denken, beeinflusst unsere Haltung, Gestik und Mimik, unsere Tonlage, die Wahl unserer Worte und unsere Handlungen. Dank des hervorragend funktionierenden Verarbeitungssystems im Gehirn entschlüsselt unser Gegenüber die Botschaft und verhält sich passend. Das gilt auch, wenn wir uns bemühen, anders zu erscheinen, etwa uns sicher geben, obwohl wir ängstlich sind. Unsere tatsächliche Einstellung hat einen weitaus stärkeren Einfluss als der bewusste Auftritt. Paul Ekman, Psychologieprofessor an der University of California, hat nachgewiesen, dass unsere Gedanken, Gefühle und Absichten verräterische Indizien in unserem Ausdruck hinterlassen, selbst wenn wir es gar nicht wollen. Ekman bezeichnet das als »Mikroausdrücke«. Bei denen handelt sich um eine Veränderung in Mimik und Gestik, die in Bruchteilen von Sekunden aufblitzt und unserem Gegenüber die Wahrheit über uns verrät. Auf dem »unteren Pfad« kriegen wir andere unbewusst dazu, uns so zu behandeln, wie wir es erwarten. Wir haben also weitaus mehr Einfluss darauf, ob wir Anerkennung bekommen, als uns bewusst ist. Wenn wir uns mehr Anerkennung wünschen, müssen wir zunächst an unserem Selbstkonzept arbeiten.

Die negative innere Stimme zum Schweigen bringen

Unser Selbstbild ist zwar schon weitgehend in unserer Kindheit entstanden, aber in der Gegenwart halten wir es über unsere Gedanken aufrecht. Was wir an Negativem über uns gespeichert haben, reproduzieren wir in einem inneren Monolog. Diese Stimme im Kopf wird auch oft als »innere Kritikerin« oder »innerer Kritiker« bezeichnet. Sie sagt Dinge wie »Halt lieber den Mund, sonst blamierst du dich nur«, »Du siehst ja heute wieder fürchterlich aus«, »Warum sollten die ausgerechnet dich nehmen?«, »Vergiss es, der Zug ist abgefahren«. Die kritische Stimme steckt in jedem von uns, allerdings in unterschiedlicher Stärke. Ihre Macht beruht darauf, dass wir ihre Aussagen nicht hinterfragen, sondern sie als unumstößliche Wahrheit hinnehmen. Wir glauben nicht nur, unfähig zu sein, wir *sind* unfähig. Wir glauben nicht nur, unattraktiv zu sein, wir *sind* es. Wir glauben nicht nur, dass wir uns blamiert haben, wir *haben* uns blamiert. Tatsache ist jedoch: Diese Stimme wiederholt nur, was wir – ob seinerzeit berechtigt oder nicht – in jungen Jahren aufgenommen haben. Mit Bewusstsein und Disziplin kann es gelingen, sie weitgehend zum Schweigen zu bringen:

Die negative Stimme in flagranti erwischen

Der erste Schritt besteht darin, sie auf frischer Tat zu ertappen. Allerdings ist das gar nicht so einfach. Sie huscht nämlich meist blitzschnell durch unseren Kopf und wir registrieren nur noch ihre schwächende Wirkung. Trotzdem gibt es eine Chance, sie zu erwischen. Ein deutlicher Anzeiger dafür, dass sie mal wieder aktiv ist, ist unser Gefühl. Wann immer Sie sich klein, unsicher, unwohl oder sonst wie schlecht fühlen, überlegen Sie gezielt: Was habe ich eigentlich gerade gedacht? Garantiert werden Sie auf einen negativ gefärbten Satz stoßen, der Ihnen kurz vorher durch den Kopf gegangen ist. Das kann etwa so klingen: »Ich bin falsch angezogen, wie peinlich.«, »Keiner kümmert sich hier um mich, bestimmt finden die mich langweilig.«, »Das kann ich mir nicht erlauben, das macht einen schlechten Eindruck.« Dieser in einem Satz formulierte Gedanke bildet die konkrete Basis für den nächsten Schritt zur Veränderung.

Der negativen Stimme Paroli bieten

Nun geht es darum, unsere positive innere Stimme zu aktivieren, indem wir der negativen Aussage ein schlagkräftiges Argument entgegenhalten. Dabei ist es nicht mit einem simplen Widerspruch getan, nach dem Motto: Ich schaffe das nicht – Ich schaffe das doch. Es funktioniert nur, wenn wir etwas finden, das uns wirklich überzeugt. Wir müssen dasjenige Argument entdecken, das für uns persönlich stichhaltig ist. Gegen-Sätze sind keine Konfektion, die wir in einem Buch über positives Denken nachschlagen können, sondern Maßarbeit.

Angenommen, Ihr negativer Gedanke lautete: »Keiner kümmert sich um mich, bestimmt finden die mich langweilig.« Dann kontern Sie etwa: »Das kann ja auch andere Gründe haben. Vielleicht sind die Leute nur zurückhaltend, weil sie mich nicht kennen. Am besten mache ich mich mal bekannt.« Oder Sie denken vielleicht: »Das kriege ich nie hin.« Dann halten Sie dagegen, dass Sie wahrhaftig schon Schwierigeres in Ihrem Leben gemeistert haben als die aktuelle Herausforderung.

Sie werden schnell merken, dass Ihnen immer dieselben negativen Sätze zu schaffen machen. Die schwächenden Gedanken kreisen nämlich vorwiegend um dieselben Themen, etwa um unser Äußeres, unsere Intelligenz, unsere Gesundheit und Fitness, unsere Kenntnisse, unsere sozialen Kontakte, unsere Liebesbeziehungen, unsere Herkunft, unser Alter oder unsere Chancen im Leben. Diese Eingrenzung vereinfacht die Sache. Wenn Sie jetzt Ihre Arbeit gründlich machen, können Sie davon noch lange profitieren.

- Sobald Sie einem negativen Satz ein überzeugendes Argument entgegengesetzt haben, notieren Sie es.
- Prägen Sie sich das jeweilige Gegenargument ein. Wenn Ihnen dann wieder einer Ihrer negativen Lieblingssätze

durch den Kopf huscht, haben Sie sofort das Gegengift in Form eines persönlichen Argumentes parat.

Auch die Kurzform funktioniert

Nicht immer haben wir Zeit und Lust, uns intensiv mit unserer inneren Stimme zu beschäftigen und für einen negativen Gedanken ausführlich Gegenargumente zu finden. Oder wir sind unsicher, ob uns die negative innere Stimme nicht vielleicht doch die Wahrheit sagt, und plagen uns deshalb mit Grübeleien. Für diese Fälle gibt es ein Schnellverfahren, das wie ein Filter wirkt. Es besteht aus einer einzigen Frage: »Ist dieser Gedanke nützlich?« Macht er glücklich, stark, mutig, entschlossen? Hilft er, Ziele zu erreichen und Träume zu verwirklichen? Löst er ein gutes Gefühl aus? Lautet die Antwort darauf Nein, dann darf dieser Gedanke den mentalen Filter nicht passieren. Sagen Sie innerlich »Stopp« und lenken Sie sich mit einer Beschäftigung ab, die Ihre Konzentration erfordert. Oder ersetzen Sie ihn schleunigst durch einen nützlichen Gedanken. Das ist oft sogar nur eine Frage der Formulierung. Sie denken etwa vor einer Fortbildung: »Hoffentlich kapiere ich das überhaupt.« Macht Ihnen dieser Gedanke Lust auf Lernen? Gewiss nicht. Also formulieren Sie um: »Wenn ich etwas nicht verstehe, dann werde ich nachfragen oder das Material abends in Ruhe aufarbeiten.« Schon fühlen Sie sich wieder souverän.

Vermutlich klingt es reichlich anstrengend, die eigenen Gedanken ständig kontrollieren zu müssen. Tatsächlich setzt es Disziplin voraus, mühselig und spaßbefreit muss das trotzdem nicht sein. Nehmen Sie es sportlich, nach der Devise: »Dich kriege ich!« Eine Klientin, der ich diese Methode vermittelte, sagte mit leuchtenden Augen: »Bisher habe ich unter meiner negativen inneren Stimme gelitten. Jetzt freue ich mich sogar darauf, sie zu erwischen und mundtot zu machen.« Mit mentaler Selbstdisziplin können wir auf die Dauer unsere falsch verlegten neuronalen Pfade ändern.

Freundschaft mit sich selbst schließen

Wenn die kritische innere Stimme nun aber ihre Berechtigung hat? Schließlich gibt es Situationen, in denen wir eindeutig nicht in Bestform waren, einen Fehler gemacht oder uns falsch verhalten haben. Da ist Selbstlob nicht gerade angebracht, aber es ist auch noch lange kein Grund, sich mit Selbstvorwürfen zu quälen. Auch in dem Fall gibt es eine Möglichkeit, die Wirkung der negativen inneren Stimme zu entkräften: indem wir Mitgefühl mit unseren Schwächen und Fehlern entwickeln. Selbstmitgefühl darf man allerdings keineswegs mit weinerlichem Selbstmitleid verwechseln, im Sinne von: Ich kann doch nichts dafür, die anderen sind schuld, das habe ich nicht gewollt, das Leben ist ungerecht. Selbstmitgefühl negiert weder, dass wir uns eventuell falsch verhalten haben, noch dass wir deshalb Scham oder Schmerz empfinden. Es verhindert nur, dass wir uns daran festbeißen. Wir nehmen die negativen Gefühle und Gedanken einfach wahr, ohne ihnen durch besondere Aufmerksamkeit Nahrung zu geben. Stattdessen lenken wir den Blick von der Schwäche weg auf das, was wir in der Situation emotional brauchen. Und das ist sicherlich kein heftiges Nachtreten, sondern liebevolles Verständnis für den Kummer, dass wir unseren Ansprüchen nicht genügen konnten. Wenn wir einer guten Freundin oder einem guten Freund erzählen, dass wir etwas nicht hinbekommen haben, wird sie oder er gewiss nicht kühl sagen: »Du bist wirklich zu dumm. Wie konntest du nur so versagen!« Stattdessen werden wir getröstet: »Nimm es nicht so schwer. Das kann doch jedem passieren. Beim nächsten Mal machst du es besser.« Genauso freundlich und unterstützend sollten wir auch mit uns selbst umgehen. Kristin Neff, Psychologieprofessorin an der University of Texas in Austin, hat sich wissenschaftlich mit Selbstmitgefühl beschäftigt. Ihre Forschungsergebnisse beweisen, dass es zu emotionaler Stabilität verhilft. Es schützt nachhaltig vor Depressionen und Ängsten, die mit heftiger Selbstkritik und dem Gefühl von Unzulänglichkeit einhergehen. Die positiven Konsequenzen lassen sich sogar körperlich nachweisen: Ein liebevoller Umgang mit sich selbst schaltet das Bedrohungssystem im Gehirn ab. Es beruhigt die Amygdala und steigert nachweislich die Produktion von Oxytocin, einem Hormon für Bindung und Wohlgefühl. Selbstmitgefühl macht unnötigem Grübeln ein Ende und schafft eine hoffnungsvolle Grundhaltung. Damit bringen wir uns in einen Zustand, von dem aus wir wieder voll handlungsfähig sind. Das ist die beste Voraussetzung, um mit einer verfahrenen Situation angemessen umzugehen. Dann überlegen wir mit klarem Kopf, was wir aus unserem Fehler lernen können.

Wenn Sie demnächst wieder einmal hinter Ihrem Ideal zurückgeblieben sind und darunter leiden, atmen Sie tief durch. Spüren Sie, dass Sie jetzt Mitgefühl und Verständnis brauchen. Sie müssen nicht darauf warten, dass sich Ihnen jemand liebevoll zuwendet, sondern können sich im Selbstgespräch geben, was Sie brauchen. Reden Sie innerlich mit sich, wie es eine gute Freundin oder ein guter Freund tun würde. Schenken Sie sich tröstende Worte, gehen Sie liebevoll mit sich um. Etwa so: »Ich weiß, das ist jetzt eine schwierige Situation für dich. Du gibst dir so viel Mühe und versuchst, alles gut zu machen, und nun hat es doch nicht geklappt. Aber weißt du, das gelingt nun mal nicht immer. Das ist doch keine Katastrophe.« Sie dürfen auch gerne ein bisschen philosophisch werden: »Das Leben ist nun mal ein Auf und Ab, zu den Höhen gehören auch Tiefen.«

Auf diese Weise verwandeln wir unsere kritische innere Stimme in eine unterstützende, positive. Wir wissen, dass wir nicht unfehlbar sind und dass es noch einiges zu lernen und zu verbessern gibt. Aber das führt nun nicht mehr dazu, dass wir uns klein und unfähig fühlen, sondern dass wir bereit zur eventuell nötigen Veränderung sind.

Sich die eigenen Fähigkeiten bewusst machen

Es liegt in unserer menschlichen Natur, mehr auf das zu schauen, was nicht funktioniert, als auf das, was gut läuft. Genau genommen sind wir die geborenen Pessimisten, denn wir nehmen negative Ereignisse generell stärker wahr als positive. Das belegen jedenfalls neuropsychologische Experimente. Zeigt man Versuchspersonen fröhliche und deprimierende Bilder, dann reagieren sie auf die deprimierenden wesentlich intensiver, wie sich am heftigen Ausschlag der Hirnströme ablesen lässt. Die Ursachen dafür liegen in unseren Genen: Negative Gefühle wie Angst, Trauer oder Wut aktivierten unsere Urahnen, unmittelbar auf Gefahr zu reagieren. Daran hat sich bis heute kaum etwas geändert, auch wenn die äußeren Gefahren längst nicht mehr so gravierend sind. Diese Anlage führt leider auch dazu, dass wir uns eher merken, was schiefgelaufen ist, als was uns gut gelungen ist. In puncto Anerkennung gilt es deshalb nachzubessern, indem wir unseren Blick bewusst auf unsere Erfolge lenken. Es passiert uns nämlich nur allzu leicht, dass wir die als selbstverständlich nehmen. Oder dass wir uns mit anderen vergleichen und dabei schlecht abschneiden. Schließlich gibt es immer jemanden, der das, was wir tun, noch besser kann, der sich geschickter verhält als wir oder unsere guten Eigenschaften noch übertrifft. Es geht darum, dass wir unsere Erfolge nicht nur kurz registrieren, sondern sie uns ausführlich bewusst machen.

In den USA werden Leute mit einem »Ich-bin-der-Größte«-Gehabe offen bewundert. In unserem Kulturkreis sieht das anders aus. Hier ist es eher üblich, die eigene Leistung zu ignorieren oder für selbstverständlich zu halten. Ein Grund liegt darin, dass bei uns Bescheidenheit als Tugend gilt. Da kommt es gar nicht gut an, wenn man sich zu auffällig herausstellt. Besonders Frauen neigen zum Tiefstapeln, weil sie sich lieber auf ihre Aufgabe konzentrieren, statt einen großen Wirbel um ihre Person zu machen. Das führt dazu, dass wir unsere Verdienste nicht nur vor unserer Umgebung herunterspielen, sondern auch vor uns selbst, nach dem Motto: »Ach, das war doch nichts Besonderes. Andere tun (schaffen, erreichen, leisten, ertragen) doch noch viel mehr.« Deshalb ist es wichtig, dass wir uns auch bei uns selbst für unseren großartigen Einsatz bedanken. Allerdings müssen wir uns dazu zunächst unsere Leistung vergegenwärtigen.

Was ich während meiner Arbeit als Psychotherapeutin an beruflicher Erfahrung gesammelt habe, wurde mir jedenfalls erst so richtig deutlich, als ich dazu eine Pflichtübung machen musste. Vor einigen Jahren verabschiedete die Bundesregierung ein neues Psychotherapeutengesetz, nach dem PsychologInnen ebenso wie ÄrztInnen eine Approbation erhalten konnten. Die Auflagen dazu waren umfangreich. Man musste unter anderem 4000 Therapiesitzungen nachweisen. Ich holte also meine Karteikarten hervor, auf denen ich mir über Jahre Notizen zu den einzelnen Sitzungen gemacht hatte – sie stammten noch aus einer Zeit, in der man das nicht in den Computer eingab. Während ich mich hineinvertiefte, tauchten vor meinem inneren Auge Klienten auf, mit denen ich intensiv zusammengearbeitet hatte. Bei vielen erinnerte ich mich, wie deprimiert und unsicher sie gekommen waren, und wie stolz ich auf sie war, als sie es geschafft hatten, sich anders zu sehen und zu verhalten. Es war ihr eigener Erfolg, aber ich sah auch meinen Anteil daran. Beim Lesen wurde mir bewusst, wie sehr ich mich engagiert hatte und wie meine Erfahrung dabei gewachsen war.

Solch eine Besinnung kann ich nur empfehlen. Es ist nützlich, sich einmal richtig Zeit dafür zu nehmen, über die eigenen Erfolge nachzudenken.

Schreiben Sie Ihre Erfolgsliste

Schreiben Sie in Stichworten alles auf, was Sie in Ihrem Leben schon bewältigt haben. Ganz wichtig: Sie müssen das nicht perfekt oder mit Bravour geschafft haben. Lobenswert ist es, dass Sie es überhaupt hingekriegt haben.

»Im Matheunterricht gute Noten erhalten«, »Ein Jahr als Au-pair nach England gegangen«, »Den Führerschein gemacht«, »Ein Kind großgezogen«, »Ehrenamtlich die Jugendmannschaft im Volleyball trainiert«, »Wieder in den Beruf eingestiegen«, »Neue Ideen für die Abteilung umgesetzt«, »Mich selbstständig gemacht«, »Meine kranke Mutter gepflegt«, »Jeden Monat die Rate für die Eigentumswohnung geschafft«.

Auf diese Liste gehören auch Ihre Fortschritte. Meist sehen wir nur, wo wir mal wieder versagt haben. Was wir nicht erreicht haben. Wo wir einen Rückfall erlitten haben. Ihre Selbstkritik in allen Ehren, aber wie wäre es, wenn Sie sich einmal dafür auf die Schulter klopfen würden, dass Sie sich auf einem bestimmten Gebiet bemühen, auch wenn es nur langsam vorangeht und Sie Ihr Ziel noch nicht erreicht haben? Zum Beispiel: sich gesund ernähren. Öfter Nein sagen. Englisch lernen. Nicht mehr so schnell wütend werden. Regelmäßig

Pausen bei der Arbeit machen. Aufmerksamer zum Partner sein. In der Kindererziehung konsequenter sein. Halten Sie sich Ihre wichtigsten Ziele vor Augen und überlegen Sie, was Sie dafür schon eingesetzt haben, etwa Geduld, Beharrlichkeit, Zeit, Mut, Konsequenz, Disziplin, Fleiß. Notieren Sie bitte auch das.

Am Anfang läuft das Schreiben der Liste meist ziemlich zäh. Wir sind es schließlich nicht gewohnt, die eigenen Erfolge aufzuzählen. Hätte ich Sie dagegen gebeten, alle Ihre Schwächen zu notieren, wäre das sicher ruckzuck gegangen. Geben Sie trotzdem nicht auf. Grübeln Sie ruhig ein bisschen. Ich bin sicher, am Ende staunen Sie, wie viele Seiten es geworden sind.

Wenn Sie Ihre Liste fertiggestellt haben, ist es Zeit für eine kleine persönliche Feier anlässlich hervorragender Leistung während ... Jahren (hier bitte Ihre Zahl einsetzen). Gießen Sie sich ein Getränk Ihrer Wahl ein und lesen Sie sich Ihre Aufzeichnungen lustvoll durch. Stellen Sie sich vor, das hätte eine andere Frau oder ein anderer Mann geschrieben – dann wären Sie doch sicher ziemlich beeindruckt. Diesen Effekt dürfen Sie sich auch selbst gönnen. Und mit dieser fulminanten Übersicht haben Sie bestimmt genügend Material, um jetzt noch eins draufzusetzen:

Lobrede auf einen großartigen Menschen

Halten Sie eine begeisterte Lobrede auf sich selbst. Schalten Sie dabei Ihre innere Zensur völlig aus, die etwa sagt: »Das ist doch peinlich« oder »Du gibst furchtbar an«. Ich verspreche Ihnen, wenn Sie sich darauf einlassen, werden Sie mit Ihrer inneren Wahrheit in Berührung kommen und erkennen, was für ein besonderer und fähiger Mensch Sie sind.

Ergänzen Sie für Ihre Lobrede die folgenden Sätze, am besten schriftlich:

Ich bin ein(e) großartige(r) ....
Ganz besonders an mir ist, dass ich ....
Im Vergleich mit anderen zeichne ich mich dadurch aus, dass ich ....
1. ....
2. ....
3. ....
Meine größten Erfolge beruflich oder privat waren bisher:
1. ....
2. ....
3. ....
Und weil ich so einmalig und großartig bin, steht mir Folgendes zu:
....
Ich erwarte, dass man ....

Diese Übung setze ich häufig in meinen Seminaren zum Thema »Charisma« ein und bin jedes Mal von ihrer Wirkung beeindruckt. Menschen, die zu Beginn eher selbstkritisch, zurückhaltend und bescheiden waren, stehen plötzlich selbstsicher vorne und verlangen voller Überzeugung Anerkennung für das, was sie sind und leisten.

Genau um dieses Gefühl des eigenen Wertes geht es bei der Aufforderung, sich selbst zuerst Anerkennung zu geben. Wenn Sie sich schätzen, strahlen Sie das auch auf Ihre Umgebung aus. Die fängt diese Signale mit Sicherheit auf und reagiert entsprechend mit Respekt. Schließlich zeigen Sie mit Ihrem ganzen Habitus, dass Sie ihn verdienen.

Wofür will ich Anerkennung?

Nachdem wir uns selbst genügend Anerkennung gegeben haben und uns auf unsere positive Einstellung zu unserer Person und unserer Leistung verlassen können, müssen wir uns nun eine klare Vorstellung davon machen, wofür wir Anerkennung haben möchten.

Eine Übersicht verschaffen wir uns, indem wir alles notieren, was uns in letzter Zeit gelungen ist und worauf wir stolz sind. Zur Anregung hier ein paar Beispiele aus einer kleinen Umfrage, die ich in meinem Umfeld durchgeführt habe:

Der Mitarbeiter eines Start-ups hat einen größeren Auftrag an Land gezogen. Eine Hobbyköchin hat für ihre Gäste ein kompliziertes Rezept ausprobiert, es ist ihr gelungen. Ein Vater hat nach längerem Suchen im Internet für seine Familie die perfekte Ferienwohnung gefunden. Eine junge Frau hat sich einen schicken Haarschnitt machen lassen. Ein Mann hat seiner heimlichen Liebe mutig seine Zuneigung gestanden. Eine Studentin hat ihren Nebenjob als Kellnerin auf einem Event besonders engagiert gemacht. Ein Raucher hat das Rauchen aufgegeben.

Wenn Sie so eine Liste anlegen, stehen darauf vermutlich einige große und kleine Dinge, die der Anerkennung wert sind. Nun können Sie sich die Frage stellen: Wie wichtig ist es mir, dafür Anerkennung zu bekommen? Ähnlich wie man für ein gutes Zeitmanagement die Dringlichkeit von Aufgaben mit A = wichtig und dringend, B = wichtig, aber nicht dringend, und C = unwichtig und nicht dringend, bewertet, können Sie auch hier vorgehen: Notieren Sie hinter jeder gelungenen Aufgabe entweder ein A für »Sehr wichtig. Ich wäre gekränkt, wenn ich keine Anerkennung bekäme«, ein B für »Ziemlich wichtig. Ich wäre schon ein bisschen enttäuscht« oder ein C für »Es wäre zwar nett, muss aber nicht unbedingt sein«. Zumindest für diejenige Leistung, hinter der ein A steht, sollten Sie sich überlegen: In welcher Form möchten Sie die Anerkennung erhalten? Hätten Sie gerne ein Lob? Komplimente? Finden Sie, Sie hätten eine Belohnung verdient? Und wenn ja, wie soll die aussehen?

Mit diesen klaren Vorgaben könnten Sie sich schon auf den Weg machen, sich Ihre gewünschte Anerkennung zu holen – wenn da nicht vorher noch etwas Wichtiges zu klären wäre: Haben Sie die Anerkennung auch wirklich verdient? Vermutlich ist die Frage überflüssig, weil Sie Ihre Leistung oder Ihr Verhalten genau einschätzen können. Doch das ist nicht in jedem Fall gegeben. Oft machen wir uns Illusionen darüber, wie gut das, was wir als Leistung abliefern oder als Verhalten zeigen, tatsächlich ist, und wundern uns dann, wenn wir keine Anerkennung dafür bekommen.

Ich weiß, wovon ich rede. Vor einiger Zeit habe ich mich als Autorin auf ein mir unbekanntes Gebiet gewagt und einen biografischen Roman geschrieben. Nur so viel, es ging um ein Tänzerpaar, das in den Goldenen Zwanzigerjahren in Hamburg lebte. Ich hatte mit sehr viel Herzblut geschrieben und war mit dem Ergebnis durchaus zufrieden. Das Manuskript schickte ich an einen renommierten Literaturagenten, überzeugt, dass er mein Werk positiv einschätzen würde. Wenig später rief er mich an und erklärte mir klipp und klar, dass ich mit dem Manuskript gewiss keinen Literaturpreis gewinnen könnte. Im Nachhinein muss ich zugeben, dass er mit seiner Kritik schlichtweg recht hatte.

Manchmal sind wir halt von uns oder unserer Leistung überzeugt – nur sonst niemand. Wie die Mutter, die ihre Erziehung als äußerst gelungen betrachtet, während man in der Kita Probleme mit dem verzogenen Kind hat. Oder wie der Bewerber, der sich beim Vorstellungsgespräch selbstbewusst als erste Wahl präsentiert, während der Personaler das völlig anders sieht. Vor einer möglichen Fehleinschätzung können wir uns bewahren, indem wir zunächst einmal unsere Wahrnehmung mit derjenigen der anderen abgleichen. Rückmeldung oder Feedback kann eine Versicherung dafür sein, dass sich unsere eigene Einschätzung mit der unserer Umgebung deckt. Andernfalls zeigt sie uns, dass wir noch etwas ändern oder verbessern müssen, damit wir die gewünschte Anerkennung bekommen.

Feedback einholen

Eines ist klar: Wenn wir Anerkennung wollen, müssen wir das Richtige tun. Was allerdings richtig ist, dafür gibt es kein allgemeingültiges Gesetz, sondern es hängt von der Gruppe ab, von der wir uns die Bestätigung wünschen. Meist wissen wir schon, was man von uns verlangt, aber unsere Umgebung entscheidet, ob wir ihren Anforderungen auch genügen. Das teilt sie uns dann per Rückmeldung mit. Die erhalten wir auch ungefragt in unterschiedlichen Formen: Manchmal gibt man uns Feedback ohne Worte. Die Körpersprache, die Stimme oder die Mimik verraten uns, wie man unsere Leistung oder unser Verhalten tatsächlich einschätzt. Wir nehmen wahr, ob unser Gegenüber uns herzlich anlächelt oder nur höflich die Lippen verzieht, ob in seiner Stimme Begeisterung mitschwingt oder ob sie sachlich klingt. Auch indirekt kann man uns Feedback geben. Angenommen, wir sind, ohne es zu wissen, taktlos, reden immer zu laut, geben an oder treten auf andere Art häufig ins Fettnäpfchen: Dann wird man uns möglichst meiden. Wir erhalten keine Einladung zu der Party, auf der alle anderen sind, oder der Chef nimmt lieber eine Kollegin zu dem wichtigen Kunden mit.

Ein indirektes positives Feedback kann dagegen so aussehen: Man lädt uns gerne ein oder wir werden im Job mit wichtigen Projekten betraut.

Auf diese unausgesprochenen Signale sollten wir achten, denn sie geben uns Hinweise darauf, wie unsere Leistung oder unser Verhalten gesehen wird. Allerdings führt das auch manchmal zu Missverständnissen, weil es verschiedene Möglichkeiten der Interpretation zulässt. Falls Sie unsicher sind, wie Sie es ausdeuten sollen, rätseln Sie nicht lange herum. Erkundigen Sie sich direkt, ob Ihre Vermutung stimmt. Beschreiben Sie Ihrem Gegenüber zunächst, was Sie objektiv wahrgenommen haben: »Als ich dich angerufen habe, warst du sehr kurz angebunden.« Anschließend teilen Sie ihm mit, wie Sie das interpretieren, und fragen nach, ob Sie damit richtig liegen: »Deine Stimme klang für mich ärgerlich. Hat das etwas mit mir zu tun?« Vielleicht stellt sich heraus, dass Ihre Vermutung falsch ist und die Person nur im Stress war oder Kopfschmerzen hatte.

Verbales Feedback ist dagegen eindeutig. Falls es wenig schmeichelhaft für uns ausfällt, müssen wir entscheiden, ob wir es annehmen wollen. Das gilt besonders, wenn man es uns gibt, ohne dass wir darum gebeten haben. Falls die Rückmeldung von einer Expertin oder einem Experten auf dem jeweiligen Gebiet kommt, sollten wir dankbar dafür sein, dass man uns auf Mängel aufmerksam macht. Dann können wir eventuell etwas verbessern, sodass einer Anerkennung nichts mehr im Wege steht. Kritisiert etwa ein renommierter Restauranttester die Speisen in einem Gourmettempel, tut sogar ein Spitzenkoch gut daran, sich die Hinweise zu Herzen zu nehmen, falls er nach Michelin-Sternen strebt.

Doch nicht immer ist das Motiv einer Rückmeldung lupenrein. Deshalb sollten wir ein ungebetenes verbales Feedback durch drei Filter schicken, bevor wir es akzeptieren:

- Wer sagt es? Ist dieser Mensch für mich oder meine Arbeit wichtig? Schließlich müssen wir uns nicht jeden beliebigen Kommentar zu Herzen nehmen.
- Ist er mir gegenüber wohlwollend eingestellt? Sonst hat er womöglich Vorurteile und sucht aus diesem Grunde Fehler, ohne dass es berechtigt ist.
- Was ist sein Motiv? Negatives Feedback, das aus Neid, Rachsucht oder Ärger entsteht, kann man vergessen. Ebenso ein positives Feedback, hinter dem Manipulation oder Schmeichelei steckt.

Suchen Sie sich die passende Person für Ihr Feedback

Wir müssen natürlich nicht passiv abwarten, bis wir eine Rückmeldung zu dem bekommen, wofür wir uns Anerkennung wünschen, sondern können auch gezielt darum bitten. Allerdings sollte die Person, die Sie fragen, in der Sache kompetent sein. Hat sie überhaupt den beruflichen oder persönlichen Hintergrund, um etwas zu beurteilen? Es macht keinen Sinn, sich Feedback für einen Internetauftritt bei jemandem zu holen, der gerade mal seine E-Mails abruft. Da sind Sie bei jemandem, der regelmäßig soziale Medien nutzt, besser beraten.

Außerdem muss Ihr Ansprechpartner oder Ihre Ansprechpartnerin jemand sein, dem Sie vertrauen können. Es wäre fatal, wenn er oder sie anschließend hinter Ihrem Rücken verbreiten würde, dass Sie sich offenbar unsicher fühlen und sich bei ihm/ihr Rückhalt geholt hätten. Last but not least ist Ehrlichkeit oberstes Gebot.

Doch auch Sie selbst sollten einiges beherzigen: Wenn Sie um Feedback bitten, müssen Sie es auch aushalten. Eine offene Antwort ist nicht immer schmeichelhaft. Völlig falsch wäre es, darauf beleidigt oder aggressiv zu reagieren. Dann bekommen Sie mit Sicherheit nie mehr die ungeschminkte Wahrheit zu hören. Lassen Sie sich das Urteil Ihres Gesprächspartners mit Fakten belegen. Wenn er zum Beispiel sagt: »Du kommst nicht so gut an, weil du immer so schlechte Laune hast«, dann fragen Sie nach: »Woran zeigt sich das für dich?« Vielleicht erfahren Sie, dass Sie nur selten lächeln und ungehalten reagieren, wenn man Sie bei der Arbeit anspricht. Hören Sie gut zu, aber nehmen Sie keine Stellung. Sie müssen sich weder verteidigen noch erklären, warum Sie so und nicht anders sind oder handeln. Bedanken Sie sich für die Rückmeldung und sagen Sie, dass Sie darüber nachdenken werden. Prüfen Sie später in Ruhe, ob Ihr Gegenüber tatsächlich recht hat. Seien Sie selbstkritisch. Denken Sie sich das, was bemängelt wird, nicht schön. Holen Sie eventuell noch weitere Feedbacks ein. Wird ein einzelnes Urteil von mehreren, voneinander unabhängigen Personen gestützt, dürfen Sie es durchaus als gerechtfertigt annehmen. Wenn etwa einer sagt, Sie würden sich immer in den Mittelpunkt stellen, urteilt er vielleicht auf der Basis seiner eigenen Schüchternheit. Bestätigen das aber noch zwei andere, ist vermutlich etwas dran.

Feedback ist subjektiv

So nützlich Feedback auch ist, wir sollten trotzdem nicht vergessen: Es ist niemals die absolute Wahrheit, sondern hängt immer von dem Umfeld ab. Was in der einen Umgebung positiv beurteilt wird, erscheint in einer anderen vielleicht negativ. Ich erinnere mich an ein Experiment, das eine Redakteurin für die Zeitschrift ›Brigitte‹ gemacht hat. Sie wollte herausfinden, wie sich ein Kleidungsstil auf die Reaktion der Umgebung auswirkt. Tatsächlich wurde sie im Designerkostüm in der Edelboutique zuvorkommend bedient, im alternativen Buchladen dagegen als aufgedonnerte Tussi skeptisch beäugt. Auch wie man Verhalten einschätzt, kann variieren. In Künstlerkreisen ist es in Ordnung, emotionale Höhen und Tiefen zu zeigen, im Management einer Firma gilt es als unzulässig und untragbar. Außerdem spielt oft auch der persönliche Geschmack hinein, und der ist niemals objektiv. Das beweisen Restaurantkritiken oder Buchrezensionen im Internet: Da finden sich für ein und dasselbe Objekt völlig unterschiedliche Bewertungen.

Als Wegweiser zu mehr Anerkennung ist eine Rückmeldung durchaus wichtig und nützlich. Wir sollten sie uns holen, um zu wissen, wie unsere Person oder unsere Leistung eingeschätzt werden. Aber wir sollten auch souverän genug bleiben, um ein Feedback kritisch zu hinterfragen.

Die eigene Leistung kommunizieren

Nicht immer hat unsere Umgebung den Überblick, was wir für sie tun. Oft genug nimmt sie es auch einfach für selbstverständlich. Deshalb ist es notwendig, dass wir auf unsere Qualitäten oder unsere Leistung hinweisen. Wenn wir wissen, wie gut wir sind, müssen wir das denjenigen auch mitteilen, die davon profitieren. Sonst können wir unter Umständen lange darauf warten, dass man unseren privaten oder beruflichen Einsatz wahrnimmt und würdigt. Doch wirkungsvoll auf die eigenen Verdienste hinzuweisen, erfordert Know-how. Es kommt nämlich nicht nur darauf an, *dass* wir auf unsere Leistung aufmerksam machen, sondern auch *wie* wir es tun. Dazu müssen wir zuerst etwas Grundsätzliches berücksichtigen, das nichts mit unseren persönlichen Eigenheiten zu tun hat: Frauen und Männer kommunizieren unbewusst auf unterschiedliche Art. Das führt oft zu Missverständnissen zwischen den Geschlechtern und verringert die Chance, Anerkennung zu erhalten: Während eine Frau glaubt, sie habe ihr männliches Gegenüber deutlich auf ihre Leistung hingewiesen, ist das bei ihm eventuell gar nicht angekommen. Andererseits zeigen sich Frauen genervt, wenn ein männliches Wesen penetrant kundtut, was es alles Großartiges bewirkt hat. Schon manche Frau hat bei dieser scheinbaren Angeberei heimlich die Augen verdreht. Statt echter Anerkennung gab es dann ein falsches Lob, ähnlich wie man einem Kind freundlich über den Kopf streicht: »Das hast du aber fein gemacht.« Deshalb ist es wichtig, sich zunächst mit den unterschiedlichen Sprachstilen vertraut zu machen. Dann können wir je nach männlicher oder weiblicher Umgebung unsere Leistung so vermitteln, dass sie auch wirklich wahrgenommen wird.

Die Entdeckung der Sprachwelten

Die Erkenntnis, dass Männer und Frauen eine unterschiedliche Art zu sprechen haben, ist noch relativ neu. Erst in den 1960er-Jahren entwickelte sich im Zuge des Feminismus ein Bewusstsein dafür, dass weibliche Kommunikation anders ist als männliche. Von daher waren es auch überwiegend Frauen, die dieses Gebiet erforschten. In den USA hat sich Deborah Tannen, Professorin für Linguistik an der Universität von Georgetown, mit Sprache in alltäglichen Situationen beschäftigt. Sie bringt den gar nicht so kleinen Unterschied mit einer griffigen Formulierung auf den Punkt: Frauen leben in einer Beziehungswelt, Männer in einer Statuswelt. Was bedeutet, dass Frauen auch verbal den Schwerpunkt mehr auf Verbindung setzen, Männern dagegen die Rangordnung wichtig ist. Ob das nun angeboren oder anerzogen ist, darüber streitet sich die Wissenschaft. Tatsache ist jedenfalls, dass die Ausdrucksweise der Geschlechter nicht identisch ist.

Die softe Sprache der Frauen

Typisch für die weibliche Kommunikation ist, dass Frauen persönliche Erfahrungen und Gefühle einbringen. In Gesprächen bemühen sie sich generell, die innere Distanz zu ihren Gesprächspartnern zu verringern, indem sie mit Nicken und »Mhm« signalisieren, dass sie aufmerksam zuhören – was allerdings nicht notwendig bedeutet, dass sie dem Gesagten auch zustimmen. Frauen äußern sich eher indirekt und höflich und verpacken ihre Botschaft gerne weich. Das geschieht auf vielfältige Weise: Sie verwenden häufig sogenannte Unschärfemarkierer, die die Gültigkeit einer Aussage abschwächen: »irgendwie«, »oder so«, »ich glaube ...«, »... finde ich ...«, »eigentlich ...«. Aussagen werden oft als Frage formuliert: »Sollten wir nicht mal ...?« Ferner wird die Bedeutung einer Aussage bescheiden mit Floskeln abgewertet: »Das ist nur so eine Idee von mir«, »Mir ist eingefallen, dass ...«, »Ganz spontan ...«, »Nur mal ins Unreine gesprochen ...«, »Ich habe da mal eine ganz dumme Frage ...«. Gerne benutzen Frauen auch sprachliche Verkleinerungen: »ein bisschen«, »nur ein Stündchen«, »auf ein Gläschen Wein«. Ihre Sätze rüschen sie oft mit Adverbien und Adjektiven auf: »Der ist total nett«, »Das ist wirklich ganz reizend«, »Ich habe mich riesig gefreut«. Besonders häufig benutzen Frauen den höflichen Konjunktiv: »Ich würde gerne ...«, »Es wäre schön, wenn ...«, »Könnten wir nicht ...?«.

Der Klartext der Männer

Männer haben es nicht so mit dem Erzählen, sie kommunizieren eher auf der Sachebene. Das kann wohl jede Frau bestätigen, die ihren Partner fragt: »Wie war denn dein Tag?« Männer finden es auch nicht wichtig, während eines Gespräches eine emotionale Verbindung herzustellen. Oder haben Sie schon mal einen Mann erlebt, der mit schräg geneigtem Kopf regelmäßig bestätigende Brummlaute von sich gab, während er seinem Gegenüber lauschte? Der männliche Teil der Bevölkerung denkt vielmehr überwiegend in Gewinner- und Verliererkategorien: Wer hat recht? Wer hat das Sagen? Entsprechend kurz und knapp fallen die Sätze aus. Speziell diese Eigenheiten lassen sich sprachlich bei den meisten Männern nachweisen: Sie scheuen sich, Gefühle auszudrücken. Ihr Gesprächsstil ist berichtend, sie bevorzugen Fakten, Daten und Zahlen. Fragen dienen ihnen zur reinen Information. Allenfalls sind sie rhetorisch: »Sie glauben doch nicht ernsthaft, dass Sie damit durchkommen?« Sie stellen Behauptungen auf und vertreten sie mit Vehemenz, auch wenn sie sich nicht sicher sind: »Das funktioniert so nicht«, »Er ist der Beste«, »Die sind nur zu faul«. Männer unterbrechen ihr Gegenüber häufig. Sie wenden oft den Imperativ an. Bei ihnen herrschen Anweisungen vor, die manchmal arg nach Befehlston klingen: »Mach das«, »Lass das«, »Komm mit«, »Zeig mal«.

Missverständnisse sind vorprogrammiert

Schon an dieser kurzen Gegenüberstellung lässt sich erkennen: Da prallen Welten aufeinander. Männer sehen sich als Einzelkämpfer in einer hierarchischen sozialen Ordnung. Gespräche dienen häufig dazu, den eigenen Stellenwert zu bestimmen. Es geht darum, die Vorrangstellung zu erreichen und Unabhängigkeit zu bewahren. Sachlichkeit ist dabei zumindest sprachlich Trumpf. Frauen dagegen sehen sich in einem Netzwerk zwischenmenschlicher Beziehungen. Mit Gesprächen möchten sie emotionale Nähe und Verbindung herstellen. Ihnen ist wichtig, dass sich alle wohlfühlen und man auf einer Wellenlänge liegt. Dann kann man sich gemeinsam einer Sache widmen.

Im Privatleben führen die unterschiedlichen Sprachwelten oft zu fatalen Missverständnissen. Das zeigen klassische Dialoge wie dieser: Sie: »Liebst du mich eigentlich noch?« Er: »Natürlich liebe ich dich. Sonst wäre ich doch nicht bei dir.« Während sie damit die Sehnsucht nach mehr Nähe ausdrückt, nimmt er die Aussage wörtlich und reagiert auf der Sachebene. Aus dem gleichen Grund sind auch viele Frauen frustriert, die sich bei ihrem Partner einfach nur mal aussprechen möchten und Verständnis wünschen. Der fühlt sich jedoch als Retter in der Not adressiert und präsentiert gleich eine Lösung.

Ebenso kritisch ist der Clash der Sprachkulturen im Beruf. Hier verlieren Frauen ihr Selbstvertrauen, weil sie immer wieder erfahren, dass sie nicht ernst genommen werden. Etwa wenn man ihre Vorschläge im Meeting übergeht, während man die des Kollegen ausführlich diskutiert. Oder wenn ihre Anordnung, eine Arbeit bis zum folgenden Tag fertigzustellen, nicht befolgt wird. »Ich dachte nicht, dass das so eilig ist«, entschuldigt sich der Mitarbeiter. Den meisten Frauen ist nicht bewusst, dass ein Grund dafür ihr weiblicher Sprachstil ist. Er kommt bei Männern falsch an. Weibliche Bescheidenheitsfloskeln nehmen sie für bare Münze, nach dem Motto: Die schätzt sich ja selbst nicht besonders hoch ein, warum soll ich es dann tun? In Frageform geäußerte Wünsche interpretieren sie als echte Frage und antworten arglos mit Nein. Höflich in eine Bitte verpackte Anweisungen wie »Könnten Sie das wohl bis morgen fertig machen?« verstehen sie als Spielraum für eine eigene Entscheidung. Außerdem stehen Frauen oft fassungslos davor, mit welcher Chuzpe die Kollegen aus der Luft gegriffene Behauptungen aufstellen, während sie selbst sich erst dann zu Wort melden, wenn sie ihre Meinung auch wasserdicht belegen können. Und sie verstummen irritiert, wenn man sie mitten im Satz unterbricht.

Anerkennung verlangt Zweisprachigkeit

Sind die Geschlechter unter sich, können sie problemlos ihren typischen Sprachstil pflegen. Frauen sind in der Lage, feinfühlig auf Zwischentöne zu reagieren. Sie verstehen sehr wohl, worauf eine andere Frau stolz ist und wofür sie Anerkennung erwartet, auch wenn sie das in bescheidene Form kleidet. Männer wiederum ordnen es ganz richtig ein, wenn einer der ihren sich in die Brust wirft und Selbstdarstellung betreibt.

Doch wo Männer und Frauen miteinander Kontakt pflegen, kommen sie um Zweisprachigkeit nicht herum.

Das gilt vor allem für Frauen. Wenn eine Frau in einem von Männern dominierten Milieu Anerkennung haben möchte, muss sie sich mit dem männlichen Sprachstil vertraut machen, um ihn gegebenenfalls einsetzen zu können. Das ist besonders im Beruf der Fall. Helmut Ebert, Professor für Germanistik in Bonn, macht dazu Mut: »Frauen werten häufig die eigene Arbeit und die eigene Person ab. Männer neigen dazu, die eigene Person und Leistung aufzuwerten. Das hat zur Folge, dass die Leistungen der Frauen von Vorgesetzten nicht wahrgenommen werden und ihr Potenzial nicht voll ausgeschöpft wird. Aber das ist natürlich kein Naturgesetz.

Jeder Mensch kann den Sozialstil des anderen Geschlechts erwerben.« Der erste Schritt ist, dass Frauen sich bewusst machen, was den männlichen Sprachstil auszeichnet: Er ist direkt, sachlich und deutlich, gegebenenfalls auch kompetitiv und dominant. Kurze Sätze, keine Emotionen, mehr berichten als erzählen, sich das Recht nehmen, zu unterbrechen. Das in die eigene Kommunikation zu integrieren ist nicht so einfach. Als Frau kommt man sich dabei ruppig und unhöflich vor, weil man diese Art Sprache einfach nicht gewohnt ist. Außerdem gerät man damit in eine Zwickmühle: Benutzt eine Frau ihren eigenen Sprachstil, spricht man ihr Charme, Weiblichkeit und Einfühlungsvermögen zu – aber sie ist machtlos. Äußert sie sich dagegen im männlichen Jargon, nimmt man sie zwar ernst, hält sie aber für eine Emanze mit Haaren auf den Zähnen. Nicht zuletzt geht es ja auch noch darum, authentisch zu bleiben. Was also tun? Die Lösung liegt darin, beide Sprachen perfekt zu beherrschen und je nach Situation souverän einzusetzen. Professor Ebert drückt das männlich-sachlich aus: »Man muss schauen, wann welches Verhalten zielführend ist.« Das heißt, Frauen sollten sich die Frage stellen: Was will ich in dieser Situation erreichen? Möchte ich Anerkennung oder liegt mir hauptsächlich daran, eine Wohlfühlatmosphäre zu schaffen? Oft macht es eine Mischung von beidem: Etwa zuerst mit weiblichem Sprachstil ein gutes Klima schaffen – und wenn es darauf ankommt, Tacheles reden. Oder umgekehrt: Erst den Herren zeigen, mit wem sie rechnen müssen – und dann ganz soft ins Freundlich-Verbindliche übergehen. Das funktioniert auch im Privatleben, bei Partnern, Teenagersöhnen und Freunden.

Frauen müssen also nachlernen – und die Männer dürfen sprechen, wie es ihnen beliebt? Keineswegs. Wenn sie von Frauen Anerkennung erhalten möchten, kommen sie nicht weit, wenn sie das Pfauenrad schlagen und damit Eindruck schinden wollen, was sie sind und können. Diesen Fehler machen Männer übrigens häufig, um die Aufmerksamkeit einer attraktiven Frau zu gewinnen oder sich einer weiblichen Führungskraft zu empfehlen. Männer sollten den weiblichen Sprachstil zumindest so weit beherrschen, dass sie zuhören und nicht unterbrechen, mehr ihre Gefühle ausdrücken und häufiger höfliche Formulierungen benutzen. Statt der Attitüde »Ich bin der Größte« kommen bescheidenere Formulierungen gut an. Dann gelingt es ihrem weiblichen Gegenüber leichter, die Leistung anzuerkennen und das auch zu äußern.

Unabhängig von den geschlechtstypischen Eigenheiten gilt: Allzu dezente Hinweise werden überhört, zu deutliche lassen uns narzisstisch erscheinen. Es gilt, einen wirkungsvollen Mittelweg zu finden, um unsere Umgebung darüber zu informieren, was wir ihr Gutes zukommen lassen. Dazu gibt es einige bewährte Methoden.

Erhaltenes Lob kommunizieren

Wenn wir ein Lob erhalten, sollten wir das nicht nur für uns allein genießen, sondern es auch unseren Nächsten mitteilen, etwa unserer Familie oder Vorgesetzten. Das betont elegant unsere Fähigkeiten und kann sie zudem anregen, einmal darüber nachzudenken, ob sie selbst uns genügend Anerkennung geben.

Als Verena, 26, Junior Consultant in einer Unternehmensberatung, die Dankesmail eines mit ihrer Arbeit besonders zufriedenen Kunden bekommt, leitet sie die an ihren Vorgesetzten weiter, versehen mit einem Kommentar wie diesem: »Die Mail von Herrn X möchte ich Ihnen nicht vorenthalten.

Vielleicht freuen Sie sich ebenso wie ich darüber, dass er mit der Arbeit unseres Unternehmens zufrieden ist.« Da Verena als Adressatin in der Mail genannt ist, muss sie ihren eigenen Anteil nicht extra herausstellen.

Susanne, 48, hat die Feier zum runden Geburtstag ihres Mannes mit großem Aufwand ausgerichtet. Der genoss das Fest, ließ es aber an der von ihr erwarteten Anerkennung fehlen. Als in den folgenden Tagen die Dankesanrufe und -schreiben höflicher Gäste für den schönen Abend eintrafen, teilte sie ihrem Mann freudig jeden einzelnen Beitrag mit: »Schau mal, Stefan, die Mansteins haben geschrieben, wie toll sie die Musik und das Essen fanden.«

Die eigene Leistung geschickt verpacken

Bei lockeren Anlässen wie Partys, Betriebsfeiern, Empfängen oder privaten Zusammenkünften ist es unpassend, allzu deutlich die Werbetrommel für die eigenen Fähigkeiten oder Erfolge zu rühren. Das kommt ähnlich schlecht an wie ein Namedropping à la »Der Vorstandsvorsitzende von Daimler-Benz ist ein guter Bekannter von mir«. Trotzdem bietet sich vielleicht eine einmalige Gelegenheit, bei der wir uns jemandem empfehlen möchten. Dann sollten wir unsere Fähigkeiten subtil in einer unterhaltsamen Geschichte verpacken. Die hört jeder gerne und die Botschaft kommt trotzdem an. Dabei darf man sich dann auch selbst ein wenig auf den Arm nehmen oder mit Unsicherheit kokettieren. Wie Vincent, 38, Anlageberater, der einen wichtigen Gesprächspartner auf einer Party wissen lassen wollte, dass er eine erstklassige Ausbildung in London absolviert hat. Statt direkt darauf hinzuweisen, erzählte er eine Anekdote, wie er in England Probleme mit dem Linksverkehr hatte, und flocht ganz nebenbei seine Londoner Erfahrung ein.

Das Licht nicht unter den Scheffel stellen

Wenn wir prägnant hervorheben, was wir zu bieten haben, klingt das leicht selbstgefällig nach »Mein Haus, mein Auto, mein Segelboot«. Doch wo es angebracht ist, sollten wir durchaus klar und deutlich darauf hinweisen, was wir sind, können oder geleistet haben. Das habe ich in einem Punkt auch noch lernen müssen: Normalerweise ist es mir nicht wichtig, dass man mich mit meinem Doktortitel anspricht, deshalb weise ich auch nicht darauf hin. Wer möchte, kann das meinem Briefkopf oder meiner Signatur entnehmen, dachte ich. Bis zu dem Tag, an dem ich in einer Expertenrunde in einer TV-Sendung saß. Die außer mir anwesenden Herren wurden allesamt mit ihrem Doktortitel angeredet, nur ich nicht. In der Aufzeichnung sah ich später: Auch in der Laufzeile auf dem Bildschirm wurde im Gegensatz zu den anderen mein Titel nicht genannt. Dass dieser Beleg für meine wissenschaftliche Kompetenz nur bei mir fehlte, hat mich denn doch geärgert. Seitdem informiere ich bei Anfragen von Medien: »Übrigens, ich habe einen Doktortitel. Bitte nennen Sie den gegebenenfalls.«

Sorgen Sie immer dafür, dass Sie mit den Anwesenden auf Augenhöhe kommunizieren. Wenn Sie im Elternverein der Schule Ihres Kindes sind und sich da jemand etwas auf sein Pädagogikstudium zugutetut, weisen Sie darauf hin, dass Sie sich als Mutter oder Vater mit Erziehungsproblemen gut auskennen. Wenn ein Kollege in der Öffentlichkeit seine fachliche Kompetenz besonders herausstellt, schweigen Sie nicht empört, ziehen Sie mit und punkten Sie mit dem, was Sie gut können. Nicht verbissen, sondern souverän und mit Selbstbewusstsein.

Endlich sichtbar werden

Auf die eigene Leistung hinzuweisen, fällt gewiss nicht immer leicht. Eine innere Hürde ist das Gefühl, sich damit unangemessen in den Mittelpunkt zu stellen. Die gilt es zu überwinden. Hilfreich ist eine Erkenntnis, die Nelson Mandela bei seiner Antrittsrede als Präsident von Südafrika zitierte: »Dich klein zu machen, dient der Welt nicht. Es bringt nichts, sich ständig zurückzunehmen, nur damit sich andere in deiner Nähe nicht unsicher fühlen.« Auf die eigene Leistung hinzuweisen, kann anderen ein gutes Vorbild sein.

Verdiente Anerkennung einfordern

Von unserer Seite ist alles getan: Wir wissen, wofür wir Anerkennung wollen, und haben überprüft, ob wir sie auch verdienen. Mit Know-how kommunizieren wir unsere Leistung. Wenn man uns jetzt immer noch die fällige Anerkennung verweigert, liegt es eindeutig nicht an uns, sondern an unseren Mitmenschen. Gehen wir davon aus, dass das nicht in böser Absicht geschieht, dann steckt schlicht Ignoranz dahinter. Offenbar wissen sie nicht, wie wichtig es ist, Anerkennung zu geben. Damit tun sie sich in erster Linie selbst keinen Gefallen. Sie verpassen nämlich äußerst positive Effekte.

Im Privatleben öffnet Anerkennung die Herzen. Wenn sich ein Paar gegenseitig Anerkennung gibt, ist das eine gute Basis für die Liebe. Der US-Psychologe John Gottman nennt das als eine der Voraussetzungen für eine glückliche Beziehung. Das gilt auch für die Familie, den Freundeskreis und sämtliche privaten Kontakte. Qualität in jeder Form wahrzunehmen und das auch auszudrücken, schafft intensive Verbindungen.

Im Berufsleben ist Anerkennung eine der größten Motivationen, sogar wichtiger als Geld. Wissenschaftler der London School of Economics haben über 50 Studien analysiert, die sich mit der Frage befassten, was Menschen im Job beflügelt. Sie kamen zu dem Schluss, dass sich Arbeitnehmer am meisten anstrengen, wenn sie die Tätigkeit interessiert, sie diese als sinnvoll empfinden und – jetzt kommt es! – geschätzt wird, was sie tun.

Wenn positive Aufmerksamkeit so motivierend ist, müssten die Menschen in unserer privaten Umgebung uns doch eigentlich damit überschütten und uns mit Anerkennung verwöhnen. Schließlich erreichen sie damit, dass wir gerne und wiederholt etwas für sie tun. Stattdessen wird unser Einsatz als selbstverständlich genommen oder mit kritischen Bemerkungen kleingeredet.

Im Job sollten Führungskräfte klugerweise eine entsprechende Kultur der Anerkennung pflegen. Doch viele agieren immer noch nach dem Prinzip »Nicht gemeckert ist genug gelobt«. Oft hört man: »Meine Anerkennung zeigt sich doch jeden Monat auf dem Gehaltszettel.« Auch im Mitarbeitergespräch dominiert nach einigen positiven Floskeln meist die Kritik. Eine Studie der Initiative »Neue Qualität der Arbeit«, unterstützt vom Bundesministerium für Arbeit und Soziales, ergab in diesem Punkt unter 400 Führungskräften aus unterschiedlichen Branchen deutliche Defizite.

Daraus können wir selbstbewusst die Konsequenz ziehen: Wer uns berechtigte Anerkennung verweigert, ist einfach nicht auf der Höhe der Zeit. Ihm fehlen soziale Kompetenz und das Bewusstsein für wirkungsvolles Verhalten. Deshalb müssen wir demjenigen auf die Sprünge helfen. Es geht nicht darum, um Anerkennung zu betteln, sondern etwas einzufordern, das uns zusteht.

Nachfragen

Fehlt uns für ein bestimmtes Verhalten oder eine Leistung Anerkennung, sollten wir darauf aufmerksam machen. Im Privatleben fällt uns das oft schwer, weil wir glauben, wenn uns jemand liebt oder mag, müsste er oder sie doch wissen, was wir emotional brauchen. Das ist allerdings ein Irrtum, schließlich kann auch der liebste Mensch keine Gedanken lesen. Stumm richtiges Verhalten zu erwarten, führt meist zur Enttäuschung. Das gilt vor allem, wenn unsere Nächsten nicht gelernt haben, Anerkennung zu geben. Effektiver ist es, den Mund aufzumachen und sich zu erkundigen, wie unser Einsatz ankommt. »Wie schmeckt dir das Essen?«, »Wie gefällt dir mein neues Kleid?«, »Magst du das Restaurant, das ich ausgesucht habe?«. Falls darauf als Antwort nur ein kurzes »Gut« kommt, darf man weiter nachfragen: »Was genau schmeckt dir?«, »Was gefällt dir daran?« Haben Sie keine Angst, lästig zu sein. Sehen Sie es als erzieherische Maßnahme. So lernt Ihr Gegenüber, wie man Anerkennung gibt. Ebenso legitim ist es, auf den eigenen Wunsch hinzuweisen. Wenn Sie auf etwas stolz sind, sagen Sie: »Ich finde, dafür habe ich ein Lob verdient.«

Im Job können wir ähnlich direkt vorgehen. Hier ist Nachfrage unter dem Deckmantel »Sachliche Rückmeldung« passend.

Anette, 36, erfolgreich in der Marketingabteilung eines Konzerns tätig, bekommt einen neuen Chef. Der kritisiert sie zwar nicht, äußert aber auch keine Anerkennung, wenn sie etwas gut gemacht hat. Anette interpretiert sein Schweigen als Missbilligung. Sie wird immer unsicherer. Schließlich springt sie über ihren Schatten und spricht ihren Vorgesetzten an: »Sie haben zu meiner Präsentation der Umfrageergebnisse gestern nichts gesagt. Ich schließe daraus, dass Sie nicht ganz zufrieden waren. Stimmt meine Vermutung?« Ihr Chef ist perplex. »Aber nein, das haben Sie doch prima hinbekommen. Im Übrigen bin ich sehr zufrieden mit Ihrer Arbeit.«

Wichtig ist, dass wir unsere Nachfrage nicht in zaghaftem Ton vorbringen, in dem ängstlich mitschwingt: Habe ich alles richtig gemacht? Die Fragen sollten sachlich und ganz selbstverständlich rüberkommen.

Ein Grundsatzgespräch führen

Wenn wir über längere Zeit keine Anerkennung bekommen haben, neigen wir oft dazu, uns selbst zu beschwichtigen: »Das ist ja auch nicht so wichtig. Überhaupt sollte ich nicht so abhängig vom Urteil anderer Menschen sein.« Halt! Eine Anerkennungsdiät ist gefährlich, denn wer nicht genügend Zuspruch bekommt, verhungert emotional. Ob uns das droht, zeigen uns unsere Gefühle. Wir spüren genau, wo es in puncto Anerkennung hapert, und das sollten wir ernst nehmen.

Wie fundamental wichtig Anerkennung ist, zeigt sich, wenn sie ausbleibt.

Das führt dazu, dass die Betroffenen frustriert, wütend und verbittert sind. Sie entwickeln Selbstzweifel und Versagensängste oder machen nur noch Dienst nach Vorschrift. So weit dürfen wir es nicht kommen lassen. Wenn wir für einzelne Leistungen immer wieder vergeblich um eine positive Rückmeldung gebeten haben, dann ist die Stunde der Wahrheit gekommen. Wir müssen unsere Frustration ansprechen. Das erfordert zweifellos Mut, denn wir offenbaren unsere Gefühle und Bedürfnisse, ohne zu wissen, welche Reaktion wir darauf erhalten werden. Damit machen wir uns verletzlich und angreifbar. Im günstigen Fall sagt unser Gegenüber: »Es tut mir leid, das habe ich ja nicht geahnt.« Aber das weiß man eben nicht vorher. Von daher ist ein klärendes Gespräch eine Mutprobe. Wie schwer die fällt, weiß ich aus eigener Erfahrung. Zu meiner psychotherapeutischen Ausbildung gehörte eine regelmäßige Supervision. Einmal in der Woche besprach ich einen Fall aus meiner Praxis mit einer erfahrenen Psychotherapeutin. Egal wie viel Mühe ich mir gab, nie hörte ich von ihr ein anerkennendes Wort. Allmählich bekam ich den Eindruck, dass ich in ihren Augen einfach nicht gut genug war. Weil es mir deshalb immer mehr Unbehagen bereitete, zur Supervision zu gehen, fasste ich mir schließlich ein Herz und sprach sie darauf an. Sie fiel aus allen Wolken. Ihr war nicht bewusst gewesen, dass sie immer nur Kritikpunkte thematisiert hatte – was ja zur Supervision gehört –, aber nie ein Wort über das verloren hatte, was ich gut machte. Von da ab änderte sich unsere Beziehung positiv.

So günstig läuft es nicht in jedem Fall ab. Es kann durchaus sein, dass man uns mit Unverständnis begegnet. Dass sich etwa ein Freund über uns lustig macht: »He, ich wusste gar nicht, dass du so viele Streicheleinheiten brauchst«, oder dass ein Vorgesetzter von oben herab sagt: »Ich weiß nicht, was Sie wollen, wir sind hier schließlich nicht in einer Selbsthilfegruppe.« Auf keinen Fall dürfen wir uns von einer unsensiblen Reaktion abschrecken lassen und an der Berechtigung unserer Forderung zweifeln. Schon gar nicht im Job! Eine moderne Wirtschaft verlangt eine Führungskultur, die MitarbeiterInnen nicht als bloße Arbeitskräfte, sondern als DialogpartnerInnen mit Fähigkeiten und Bedürfnissen sieht. Das hat zum Beispiel Google erkannt. Google gilt als Traumarbeitgeber – und das nicht nur wegen der Billardtische und kostenlosen Mittagessen. Die Personalabteilung des Unternehmens hat eine Liste mit Gründen erstellt, warum es sich lohnt, dort zu arbeiten. Unter den ersten finden sich diese Statements: »Wertschätzung ist die beste Motivation.« »Wir mögen unsere Angestellten und wollen, dass sie es auch wissen.« In Kanada und den USA ist Anerkennung sogar offiziell ein Thema. Immer am ersten Freitag im März begeht man dort den »Employee Appreciation Day«. Dann erhalten die Angestellten entweder einen kleinen Bonus, freie Zeit oder eine andere Belobigung.

Machen Sie sich bitte klar: Wo man Ihnen auf Ihre klare und berechtigte Forderung nach Anerkennung diese bewusst verweigert, sind Sie am falschen Ort. Halten Sie nicht aus Loyalität, Mitleid, äußeren Gründen, Geld, Sicherheit oder Karrierechancen durch. Auf die Dauer werden Sie sonst Ihre Arbeitsfreude verlieren. Eben weil Anerkennung nicht nur eine nette Zugabe, sondern ein Grundbedürfnis ist. Sie haben verdient, dass man es erfüllt.

Anerkennung geben

Anerkennung ist ein Nehmen und Geben, und das hat seinen guten Grund. Als soziale Wesen stehen wir miteinander in Wechselwirkung. Wenn wir anderen etwas zukommen lassen, regen wir sie damit an, sich ähnlich zu verhalten. In einem Interview zum Thema »Einsamkeit« fragte mich eine Redakteurin: »Wenn Sie einem einsamen Menschen nur einen einzigen Tipp geben dürften, wie er mehr Kontakt bekommen kann, welcher wäre das?« Ich musste nicht lange nachdenken: »Er sollte anderen geben, was er selbst haben möchte.« In dem Fall bedeutet das etwa, jemanden anzusprechen, wenn man sich Unterhaltung wünscht, oder einzuladen, wenn man selbst eingeladen werden möchte. Zu geben, was man selbst haben will, ist ein psychologischer Generalschlüssel, der ebenso für den Wunsch nach Anerkennung funktioniert. Indem wir unseren Mitmenschen Anerkennung ausdrücken, schaffen wir eine günstige Atmosphäre dafür, selbst Zuwendung zu erfahren.

Von allen Arten der Anerkennung ist Lob nicht nur die einfachste und direkteste, sie ist auch besonders wirkungsvoll. Sobald wir ein Lob bekommen, schüttet unser Gehirn Serotonin und Oxytocin aus. Serotonin gilt als das Glückshormon, es sorgt dafür, dass wir uns euphorisch fühlen. Oxytocin ist für Bindung zuständig und verstärkt auf die Dauer Liebe und Vertrauen. Wer diese Hormone in seinem Gegenüber auslöst, hat gute Chancen, ebenfalls eine positive Rückmeldung zu erhalten. Kürzlich verwies ich auf einer Konferenz in meinem Vortrag lobend auf die wissenschaftliche Studie der Referentin, die nach mir auftrat. Prompt nahm sie in ihrer Rede mehrfach auf mich Bezug: »Wie Frau Wlodarek vorhin schon sehr richtig sagte …« Ich hatte es nicht darauf angelegt, musste aber über die prompte Wirkung schmunzeln und habe mich natürlich darüber gefreut.

Wir glauben, Loben sei doch ganz einfach. Wenn wir etwas bewundern, es gut, richtig oder schön finden, dann drücken wir das mit Worten aus. So simpel ist es leider nicht. Auch hier ist es notwendig, einige grundlegende Dinge zu beherzigen. Andernfalls erzielt sogar ein Lob einen gegenteiligen Effekt, die Adressaten fühlen sich verstimmt, anstatt sich darüber zu freuen.

Aufrichtig loben

Lob sollte ohne verborgene Absicht ausgesprochen werden. Sonst hat es ein »Geschmäckle« und hinterlässt ein ungutes Gefühl. Das gilt besonders, wenn das Lob manipulativ eingesetzt wird. Die alten Römer hatten dafür ein passendes Sprichwort: Do ut des – Ich gebe dir, damit du mir gibst. »Das kann niemand so gut wie Sie, Sie sind einfach der Beste für diesen Job«, lobt der Chef und drückt dem Mitarbeiter ein Projekt aufs Auge, das sonst keiner haben möchte. Die Kombination von Lob und Absicht führt dazu, dass sich das Gegenüber letztlich ausgenutzt fühlt. Das ist keine günstige Bedingung, um weiterhin eine gute Beziehung zu pflegen. Vor einiger Zeit bin ich selbst auf so ein manipulatives Lob hereingefallen. Ein Herausgeber wollte mich zur Teilnahme an einem Sammelband bewegen. In seinem Anschreiben lobte er meine Bücher über den grünen Klee und betonte geschickt, wie wichtig mein Beitrag in seinem geplanten Werk sei. Geschmeichelt ging ich darauf ein, ließ meine eigentliche Arbeit liegen und saß tagelang an dem von ihm gewünschten Text. Nachdem er den erhalten hatte, habe ich nichts mehr von ihm gehört.

Ähnlich vergiftet ist ein unehrliches Lob, mit dem man sich beim anderen beliebt machen möchte. Wer lobt, um etwas zu erreichen, hat schlechte Karten. Die meisten Menschen besitzen feine Antennen, mit denen sie sehr wohl spüren, ob es jemand ernst meint oder nicht. Wer trotzdem einmal einer solchen Manipulation auf den Leim gegangen ist, wird gewiss in Zukunft gegenüber demjenigen wachsam sein, der es ausgesprochen hat. Deshalb sollten wir immer überprüfen, ob unser Lob frei von eigennützigen Motiven ist. Nur ein Lob ohne Hintergedanken kommt gut an.

Das Wichtige ansprechen

Wir sollten loben, was für den anderen Bedeutung hat. Wenn wir das Falsche ansprechen, ist die Freude nicht besonders groß. Vielleicht sind diejenigen sogar gekränkt oder fühlen sich unverstanden. Es ist wenig wirkungsvoll, einen Hobbykoch nur für die Tischdekoration zu loben anstatt für das köstliche Essen. Oder eine Wissenschaftlerin, die stolz auf die Ergebnisse ihrer Untersuchung ist, auf ihre geschmackvolle Art sich zu kleiden anzusprechen. Mit etwas Gespür lässt sich herausfinden, wofür das Herz eines Menschen schlägt. Dazu müssen wir nur genau zuhören, wovon er ausführlich und begeistert berichtet und wobei er sich besonders Mühe gegeben hat. Das ist der beste Ansatzpunkt für ein Lob.

Vorsichtig mit Lob sollte man allerdings sein, wenn man nichts von der Sache versteht. Niemand muss sich dafür schämen, dass er etwas nicht kennt oder weiß. Aber statt sich überschwänglich mit Halbwissen und aufgeschnapptem Fachvokabular zu äußern, ist es besser, mitzuteilen, dass man sich zwar nicht auskennt, aber trotzdem begeistert ist. »Ich bin keine Expertin in Sachen Umweltschutz, aber Ihre Argumente finde ich sehr schlüssig.« »Ich bin selten in sozialen Netzwerken unterwegs, aber Ihren Blog lese ich sehr gerne.«

Spezifisch loben

»Das hast du klasse gemacht«, »Du warst super« – sicher, so etwas hört man gerne, aber es ist etwas knapp. Außerdem wirkt es wenig individuell. Ein allgemeines Lob passt schließlich zu allem Möglichen. Dagegen ist ein Lob, bei dem man merkt, dass sich der andere Gedanken gemacht hat, ein echtes

Geschenk. Indem wir präzise benennen, was wir gut finden und warum, fühlt sich unser Gegenüber gesehen.

Marie, eine 56-jährige Malerin, hat sich auf der Vernissage ihrer letzten Ausstellung besonders über das Lob eines Besuchers gefreut, der ihr ausführlich erklärte, wie ihre Farbpalette auf ihn emotional gewirkt hat. Sie erkannte daran, dass er sich wirklich mit ihren Bildern auseinandergesetzt hatte, während andere nur allgemein von »interessanten Bildern« oder »schönen Farben« sprachen.

Mir ging es ähnlich. Ich hatte einem Bekannten eines meiner Bücher geschickt, von dem ich glaubte, dass es ihn interessieren könnte. Ich rechnete allenfalls mit einer höflichen Rückmeldung. Tatsächlich bekam ich eine lange E-Mail, in der er mein Buch ausführlich besprach und hervorhob, was ihm besonders gefallen hatte. Ich war gerührt, dass er sich so viel Mühe gemacht hatte. Das war übrigens der Beginn einer Freundschaft.

Auf Augenhöhe loben

Auch das perfekteste Lob wirkt nicht, wenn es von oben herab ausgesprochen wird. Tatsächlich können wir mit Stimme, Gestik und Mimik ein Gefälle herstellen. Etwa dem anderen eine Hand auf die Schulter legen, leicht nicken und in jovialem Ton sagen: »Das haben Sie gut hingekriegt« oder »Das sieht doch schon hervorragend aus«. Selbst wenn wir aufgrund unserer Fähigkeiten oder unserer Ausbildung überlegen sind, sollten wir das nicht demonstrativ zeigen, denn damit kränken wir unser Gegenüber. Gönnerhaftigkeit lässt sich am ehesten vermeiden, wenn wir, anstatt nur ein wohlwollendes Statement abzugeben, uns selbst und unsere Gefühle einbringen: »Ich bin ganz begeistert, wie du deinen

Garten gestaltet hast.« »Es rührt mich, wie fürsorglich Sie mit Ihren Kindern umgehen.«

Manchmal ist ein Gefälle allerdings unvermeidlich, weil es auf einer Hierarchie beruht. Das Verhältnis zwischen Lehrern und Schülern, Meistern und Azubis, Vorgesetzten und Angestellten ist nun mal nicht gleichrangig. Trotzdem sollte auch hier das Lob nicht von oben herab kommen. Das lässt sich vermeiden, indem man es in eine Ermutigung im Sinne von »Weiter so!« einbindet. »Ich schätze Ihre Fähigkeit, mit Kunden umzugehen. Die sollten Sie pflegen.« »Die Programmierung hast du gut hingekriegt. Demnächst kannst du dich an ein größeres Projekt wagen.«

Männer anders loben als Frauen

Auch wenn es klischeehaft klingt, Männer haben es nicht so mit Gefühlen, auch nicht in puncto Lob. Einen Mann in weiblicher Manier ausführlich zu loben, macht ihn verlegen. Als Frau schaut man sich am besten etwas davon ab, wie Männer sich untereinander loben. Meist geschieht das mit einem einzigen anerkennenden Satz: »Klasse Auto!«, »Super Performance!«. Ein Lob aus Frauenmund muss zwar nicht ganz so knapp ausfallen, sollte aber auch nicht ausufern: »Ihr Auftritt war perfekt. Er ist auch gut angekommen.« Punkt.

Frauen dagegen hören gerne eine blumigere Variante: »Also Ihr Auftritt gestern war wirklich ein voller Erfolg. Wie Sie da vorne gestanden haben und die Zuhörer in Ihren Bann geschlagen haben, das war großartig.«

Komplimente – die spontane Variante des Lobes

Während man Lob durchaus vorbereiten kann, indem man überlegt, was man am anderen hervorheben möchte, sind Komplimente spontan und an eine aktuelle Situation gebunden. Von daher dürfen sie auch kürzer ausfallen. Die Wirkung ist trotzdem ähnlich. Geschickte VerkäuferInnen beherrschen diese Kunst perfekt. Obwohl man als Kunde durchaus weiß, dass es sich dabei um eine Technik handelt, die ein günstiges Klima schaffen soll, wirkt es trotzdem, weil Komplimente genau wie Lob sofort Glückshormone aktivieren. Wer hört: »Sie kennen sich mit diesen Geräten ja bestens aus« oder »Das kann nur jemand tragen, der so schlank ist wie Sie«, ist gleich positiv gestimmt. Komplimente sind kleine, charmante Hinweise darauf, dass wir das Besondere an unserem Gegenüber wahrgenommen haben und es zu schätzen wissen.

Doch ebenso wie beim Lob ist hier Voraussetzung, dass wir ehrlich meinen, was wir sagen. Etwas anzusprechen, was wir nicht wirklich mögen, ist fatal. Das sollte man auch dann nicht tun, wenn man einfach nur freundlich oder nett sein will. Etwa eine kitschige Brosche als »tollen Hingucker« zu bezeichnen oder den Hund, der einen unangenehm anspringt, einen »lieben Kerl« zu nennen. Man kann die Unwahrheit in unseren Augen sehen und in unserer Stimme hören. Es fehlt die echte Begeisterung. Ebenso wie vor falschen sollte man sich vor ambivalenten Komplimenten hüten. Sie enthalten ein schleichendes Gift, das nachträglich seine Wirkung entfaltet. Das klingt dann etwa so: »Heute sind Sie aber richtig schick angezogen.« Wie, nur heute? »Für Ihr Alter haben Sie ein ausgezeichnetes Gedächtnis.« Der findet mich alt?

Auch wenn Komplimente eher spontaner Natur sind, sollten wir kurz darüber nachdenken, was wir sagen, damit wir nicht ins Fettnäpfchen treten, sondern wirklich Freude auslösen.

Loben, loben, loben!

Echtes Lob und ehrliche Komplimente sind ein wunderbares soziales Bindemittel. Wir sollten sie deshalb großzügig verteilen. Natürlich darf das nicht zu einer Inflation führen. Wer ständig jede Kleinigkeit überschwänglich lobt, macht sich unglaubwürdig. Doch nichts spricht dagegen, die Augen offen zu halten und zu registrieren, was die Menschen in unserem privaten oder beruflichen Umfeld gut machen, welche besonderen Fähigkeiten sie haben oder welches positive Verhalten sie zeigen – und das dann auch angemessen zu würdigen. Jeder Mensch möchte mit liebevollen Augen gesehen werden. Wenn wir anderen dieses Geschenk machen, sind sie meist auch bereit, uns das zurückzugeben. Und wenn nicht? Ein Lob auszusprechen verursacht in uns selbst das Gefühl von Kraft. Im Englischen gibt es dafür ein schönes Wort: »empowerment«, Ermächtigung. Wir sind mächtig genug, um andere mit unserer Wahrnehmung glücklich zu machen. Grund genug, sehr selbstbewusst Anerkennung zu geben.

Wertschätzung

Wertschätzung berührt das Herz

Wertschätzung ist zunächst einmal eine generelle positive Grundhaltung gegenüber anderen Menschen. Wir schätzen jemanden als wertvoll ein, unabhängig von seiner Leistung, seinem Handeln oder seinen Eigenschaften, und behandeln ihn entsprechend. In Indien grüßen sich Hindus mit »namasté«, was wörtlich übersetzt »Verbeugung vor dir« bedeutet. Dabei werden die zusammengelegten Handflächen in Nähe des Herzens an die Brust geführt und der Kopf leicht gesenkt. Ich finde, das ist ein schönes Bild für die Bedeutung von Wertschätzung: Wir zeigen unserem Gegenüber Respekt, einfach, weil er ein Mitmensch ist. So eine grundlegend wertschätzende Haltung einzunehmen, erreicht man kaum von selbst, man muss sie sich erarbeiten. Normalerweise liegt es uns näher, unser Gegenüber gemäß unserem persönlichen Wertesystem zu beurteilen und dann zu entscheiden, ob wir ihm Wertschätzung entgegenbringen wollen. Von daher begegnen uns auch im Alltag eher selten Menschen, die eine bedingungslose Form der Wertschätzung empfinden und zeigen. Überlegen Sie doch einmal, ob Sie selbst jemanden kennen, der sich so verhält. Ich bewundere in dem Zusammenhang einen Heilpraktiker, der in der Nachbarschaft seine Praxis hat. In seinem Wartezimmer sitzen auch Prominente und Millionäre, manche fliegen sogar aus dem Ausland ein, um sich von ihm kurieren zu lassen. Aber er behandelt alle Patienten mit gleicher Freundlichkeit, die Sozialhilfeempfängerin ebenso wie die bekannte Schauspielerin. Für ihn sind es einfach Menschen, die Hilfe suchen.

Wenn wir diese Haltung erreichen wollen, müssen wir uns bewusst darum bemühen. Das lernte ich während meines Psychologiestudiums, in dem die Gesprächstherapie nach Carl Rogers vermittelt wurde. Der US-Psychologe Rogers setzt für PsychotherapeutInnen drei grundlegende Verhaltensweisen voraus: Wertschätzung, Empathie und Echtheit. Wertschätzung bedeutet in dem Fall, dass der Klient oder die Klientin ohne Vorurteil oder Bewertung so angenommen wird, wie er oder sie ist. Ein überhebliches »Ich weiß, was richtig ist« oder ein kritisches »Sie müssen Ihr Fehlverhalten dringend ändern« wäre genau das Gegenteil. Ich durfte Carl Rogers einmal bei seiner Arbeit zusehen und war tief berührt von der Wirkung, die seine wertschätzende Haltung hatte. Die junge Frau, mit der er sprach, öffnete sich ihm gegenüber voll Vertrauen.

Wann immer Menschen einander grundlegende Wertschätzung entgegenbringen, ist es eine Begegnung von Herz zu Herz. Es ist etwas, wonach wir uns alle sehnen: So angenommen zu werden, wie wir sind, und geschätzt zu werden, einfach weil es uns gibt.

Begründete Wertschätzung

Außer der »reinen« Wertschätzung, die als grundsätzliche Einstellung allen Menschen gegenüber gilt, gibt es auch eine subjektive Wertschätzung, die auf Leistung, Verhalten oder Eigenschaften beruht. Sie kommt weitaus häufiger vor. Dabei gleichen wir das, was wir selbst als wertvoll empfinden, mit dem ab, was der andere zu bieten hat. Wenn wir wissen wollen, wer in unseren Augen Wertschätzung verdient, müssen wir uns nur fragen: Was ist mir wichtig? Was bewundere ich? Worum bemühe ich mich selbst? Dann haben wir dafür Anhaltspunkte. Worauf sich die Wertschätzung bezieht, hängt mit dem Bereich zusammen, in dem wir tätig sind oder mit dem wir uns beschäftigen. Ich habe mich einmal umgehört, warum jemand Wertschätzung erhält.

Ulf, ein 56-jähriger Lehrer, empfindet sie für seinen Hausarzt, weil der sich für seine Patienten Zeit nimmt, anstatt sie im Minutentakt abzufertigen. Regina, 52, Goldschmiedin, findet es großartig, wie liebevoll sich ihre Freundin Elke um eine syrische Flüchtlingsfamilie kümmert. Mike, 39, Informatiker, gefällt an seinem jüngeren Bruder, dass der immer so optimistisch und gut gelaunt ist. Jörg, 42, Verwaltungsangestellter, schätzt einen bestimmten Politiker, weil der authentisch ist.

Außer persönlichen Gründen, jemanden wertzuschätzen, gibt es Eigenschaften, die allgemein das Potenzial für Wertschätzung haben und die man als »Tugenden« bezeichnet, wie zum Beispiel Zuverlässigkeit oder Ehrlichkeit. Davon wird später noch ausführlich die Rede sein.

Der Zeitfaktor

Während sich Anerkennung auf Aktuelles bezieht, muss Wertschätzung wachsen. Sie setzt voraus, dass jemand das geschätzte Verhalten über längere Zeit zeigt. Wer einmal eine gute Leistung erbringt, bekommt Lob – wer kontinuierlich sein Bestes gibt, erhält dafür Wertschätzung. Wer einmal hilfsbereit ist, erntet dafür vielleicht Beifall – wer dauerhaft andere unterstützt, kann Wertschätzung gewinnen. Es ist so, als ob man immer wieder auf ein imaginäres Konto mit dem Stichwort »Wertvoll« einzahlt, bis sich das schließlich zur Wertschätzung summiert. Das bedeutet aber auch, dass man die Wertschätzung verlieren kann, sobald sich die Leistung oder das Verhalten ändert.

Wertschätzung bekommen

Eine Form bedingungsloser Wertschätzung im Alltag ist respektvolles Verhalten in Form von Höflichkeit und Freundlichkeit. Das steht uns selbstverständlich zu – zumindest solange wir es uns nicht durch unser eigenes Verhalten verscherzen.

Anders liegen die Dinge, wenn wir Wertschätzung aufgrund von Einsatz, Verhalten oder Eigenschaften erreichen wollen. Dann müssen wir in Vorleistung gehen und das tun oder sein, was uns Wertschätzung einbringen kann. Das verlangt großes Engagement und außerdem kommunikative Kompetenz. Erzwingen können wir Wertschätzung trotzdem nicht. Im Gegensatz zu Anerkennung lässt sie sich nämlich nicht einfordern. Eine Angestellte kann ihrer Chefin zwar mitteilen, dass ihr Wertschätzung fehlt, aber diese lässt sich selbst bei gutem Willen nicht künstlich herstellen. Es handelt sich um ein Gefühl der Hochachtung, das in anderen entsteht, wenn wir in ihr Werteschema passen. Und nicht nur das: Unser Gegenüber muss psychisch und mental in der Lage sein, unseren Wert zu erkennen und zu empfinden. In puncto Wertschätzung sind wir also unserer Umgebung in gewisser Weise ausgeliefert. Das heißt jedoch nicht, dass unser Ringen um Wertschätzung ein reines Vabanquespiel ist. Es gibt grundsätzliche Verhaltensweisen, die erfahrungsgemäß häufig zu Wertschätzung führen. Mit mehr Know-how auf dem Gebiet lassen sich unsere Chancen deutlich erhöhen. Deshalb lohnt es sich, sich damit ausführlich zu befassen. Sich wertgeschätzt zu fühlen macht glücklich und führt zu einem erfüllten Leben.

Selbstwert als Grundlage für Wertschätzung

Ein hoher Selbstwert ist eine Voraussetzung dafür, Wertschätzung zu erhalten. Falls wir zu wenig Selbstwertgefühl besitzen, orientieren wir uns übermäßig an der Meinung und den Urteilen anderer. Wir passen uns zu sehr an. Das führt zwar wahrscheinlich dazu, dass man mit uns zufrieden ist, aber Wertschätzung bekommen wir auf diese Weise eher nicht. Wie es so schön heißt: Everybody's Darling is everybody's Depp. Wertschätzung ist vor allem Persönlichkeiten vorbehalten, die auch Ecken und Kanten zeigen und für ihre eigenen Werte einstehen. Selbstwert braucht es außerdem, um diejenigen Eigenschaften zu entwickeln, die allgemein von anderen geschätzt und bewundert werden, wie Zivilcourage oder Integrität.

Was Selbstwert bedeutet, erklärt bereits das Wort: Es geht um den Wert, den wir uns selbst beimessen. Der ist unterschiedlich ausgeprägt. Manche Menschen haben ein geringes Selbstwertgefühl. Im Umgang mit anderen zeigt es sich darin, dass sie sich zu viel gefallen lassen. Sie wehren sich nicht, wenn man sie schlecht behandelt, und suchen dann meist auch noch die Schuld bei sich. Andere haben ein hohes Selbstwertgefühl. Sie bestehen darauf, dass man angemessen mit ihnen umgeht, und sind nicht bereit, in kritischen Situationen von den eigenen Wertvorstellungen abzuweichen. Die Grundlage für beides wird in der Kindheit gelegt. Kinder, die von ihren Eltern Liebe, Wohlwollen und Respekt erfahren, haben gute Aussichten auf einen soliden Selbstwert als Erwachsene. Diejenigen, die Abwertung und Demütigung erleben müssen, haben später große Mühe, an ihren Wert zu glauben. Festgeschrieben ist der Selbstwert aber keineswegs. Ein niedriges Selbstwertgefühl lässt sich durch positive Erfahrungen erhöhen, ein ursprünglich hohes Selbstwertgefühl kann durch äußere Umstände verringert werden.

Wenn wir mit unserem Selbstwertgefühl unzufrieden sind, können wir durch Aufmerksamkeit für unsere inneren Vorgänge unsere Wahrnehmung für den eigenen Wert vergrößern. Eines müssen wir uns vorab klarmachen: Wir sind als Mensch wertvoll, unabhängig davon, was wir leisten oder wie andere uns beurteilen. Schließlich sind wir absolut einzigartig. Selbst eineiige Zwillinge lassen sich inzwischen anhand winziger Mutationen, die bereits im Mutterleib stattgefunden haben, unterscheiden. Auf unsere Einmaligkeit dürfen wir stolz sein. Schließlich hat niemand die gleiche Kombination von Fähigkeiten wie wir. Was auch bedeutet, dass wir unserer Umgebung etwas geben können, das nur uns möglich ist. In diesem Bewusstsein sollten wir unsere Schwächen akzeptieren und sie weniger wichtig nehmen. Wer wie das Kaninchen vor der Schlange immer nur auf seine Mängel starrt, hat Mühe, sich wertvoll zu finden. Konzentrieren wir uns lieber auf unsere Stärken: Was kann ich gut? Was ist schön an mir? Welche positiven Eigenschaften habe ich?

Fehler, die uns privat oder im Job unterlaufen, müssen wir nicht als Versagen ansehen, sondern als Chance, es demnächst besser zu machen. Meist versuchen wir, Fehler möglichst zu vermeiden, und sind am Boden zerstört, wenn sie uns passieren. Doch ohne Irrtum gibt es keinen Fortschritt, frei nach dem berühmten Zitat des irischen Schriftstellers Samuel Beckett: »Wieder scheitern. Besser scheitern.«

Eng damit verbunden ist, wie wir über uns sprechen, etwa über unsere Arbeit oder unser Aussehen, unser Wissen und Können. Hören wir unseren eigenen Worten bewusst zu und verändern wir gegebenenfalls unsere Ausdrucksweise zum Positiven. Ein schönes Beispiel dafür gab es vor einiger Zeit in der TV-Werbung: Auf einer Party fragt ein Gast eine Hausfrau, was sie denn beruflich mache. Anstatt verschämt zu sagen: »Ich bin nur Hausfrau«, erklärt sie selbstbewusst: »Ich manage ein kleines Familienunternehmen.« Wir glauben, was wir über uns sagen, wäre nur für unsere Gesprächspartner wichtig. Tatsächlich ist es aber auch für uns von Bedeutung, denn unser Unterbewusstsein hört mit. Auf positive Äußerungen reagiert es mit einem höheren Selbstwertgefühl. Von daher sind Sätze, mit denen wir uns kleinmachen oder herabwürdigen, wie »Ich habe einfach kein Glück«, »Ich mache immer alles falsch« oder »Für so etwas bin ich wohl zu blöd«, keineswegs harmlos. Sprechen wir mit Achtung über uns. Wir haben sie verdient.

Mit dem festen Willen, unseren Wert in vollem Umfang zu erkennen und auszudrücken, können wir in Eigenregie viel erreichen. Allerdings erfordert das Geduld und sehr viel Aufmerksamkeit. Wir müssen uns immer wieder in unseren Gedanken und Worten korrigieren, sobald wir einen Rückfall in Minderwertigkeitsgefühle haben. Wie ein Mantra sollten wir uns vorsagen: Ich bin wertvoll.

Wem es jedoch schwerfällt, allein am eigenen Selbstwertgefühl zu arbeiten, für den kann eine professionelle Unterstützung hilfreich sein, etwa in Form eines Coachings oder einer Psychotherapie. Das gilt vor allem für Menschen, die in ihrer Kindheit wenig Unterstützung erfahren haben. In geschütztem Rahmen lassen sich negative Verhaltensmuster und Einstellungen aufarbeiten.

Den Selbstwert bewahren

Es ist nicht leicht, ein positives Selbstwertgefühl zu behalten, wenn die Menschen in unserem Umfeld uns nicht unterstützen oder sogar versuchen, uns kleinzumachen. Doch auch in kritischen Situationen sollten wir alles tun, um uns nicht beeinträchtigen zu lassen. Von Eleanor Roosevelt, der ehemaligen First Lady, stammen die klugen Worte: »No one can feel you inferior without your consent.« Ich übersetze das so: »Niemand kann dir deinen Selbstwert nehmen, wenn du dem nicht zustimmst.« Ein Vorbild dafür, wie man seinen Selbstwert auch unter schwierigen Bedingungen behält, ist Michelle Obama. Als Donald Trump und sein Team während des Wahlkampfes um das US-Präsidentenamt mit sexistischen Äußerungen, Lügen und Verleumdungen auf niedrigem Niveau agierten, beschwor sie ihre MitstreiterInnen in einer fulminanten Rede: »When they go low, we go high«, frei übersetzt: »Wenn sich die anderen niederträchtig benehmen, reagieren wir darauf mit Anstand und Stil.«

Sehen wir den Tatsachen ins Auge: Es wird uns im Laufe unseres Lebens immer wieder passieren, dass man uns kränkt und verletzt. Wohl keinem von uns wird es je gelingen, ein so dickes Fell zu bekommen, dass uns das nicht berührt. Aber wir können uns an Eleanor Roosevelts Spruch als Grundhaltung erinnern. Wir entwickeln den festen Willen, unsere Selbstachtung nicht herzugeben. Unser Selbstwert ist ein kostbarer Schatz, den wir bewahren und hüten sollten. Er ist die Grundlage für die Wertschätzung, nach der wir uns sehnen. Gleichzeitig dient er uns als Schutzschild, wenn sich andere wenig wertschätzend verhalten. Vergessen wir deshalb nie: Wir sind wertvoll.

Umgang mit Abwertung – Wenn man uns die Wertschätzung verweigert

Eigentlich könnten wir uns jetzt damit befassen, auf welchem Weg wir die meiste Wertschätzung bekommen, denn darum geht es ja schließlich. Doch damit würden wir etwas Wichtiges überspringen. Erst einmal müssen wir uns um die Kehrseite der Medaille kümmern: Wo verweigert man uns bewusst oder unbewusst die Wertschätzung? Wo legen es Menschen in unserer Umgebung darauf an, uns abzuwerten? Solange wir Abwertungen ausgesetzt sind, haben wir nicht genügend seelische Kraft, um anderen unseren Selbstwert überzeugend zu vermitteln. Es ist, als ob man uns regelmäßig Gift verabreichte. Dabei ist die Dosis unterschiedlich hoch. Manchmal handelt es sich nur um kleine Abwertungen in Form von Respektlosigkeit, die sich ziemlich schnell überwinden lassen. Aber es gibt auch große und lang andauernde Abwertungen, die uns sowohl psychisch als auch körperlich krank machen. Sie betreffen vor allem die drei wichtigen Bereiche unseres Lebens: unseren Beruf, die Partnerschaft und enge soziale Kontakte. Sie werden auch als »Säulen der Identität« bezeichnet. Vor allem aus ihnen beziehen wir unser Selbstbild und unseren Selbstwert. Von daher ist es entscheidend, dass wir hier gute Voraussetzungen schaffen. Wir dürfen nicht zulassen, dass man uns auf diesen Gebieten demütigt oder missachtet. Sehen wir es doch einmal unter dieser Perspektive: Abwertung ist ein Hinweis darauf, dass wir die Wertschätzung für uns selbst erhöhen müssen. Wenn wir die Situation – aus welchem Grund auch immer – aushalten, lassen wir es an Liebe und Achtung für uns selbst fehlen.

Dagegen anzugehen ist natürlich leichter gesagt als getan. Oft haben wir das Gefühl, den äußeren Umständen ausgeliefert zu sein und nur geringen Einfluss darauf zu haben. Doch das ist ein Irrtum. Wir können wählen, was wir zulassen und ertragen wollen. Hier gilt das Gleiche, was ein chinesisches Sprichwort über Sorgen sagt: »Du kannst nicht verhindern, dass die Vögel der Besorgnis und des Kummers über deinen Kopf fliegen, aber du kannst verhindern, dass sie in deinem Haar Nester bauen.« Keiner von uns ist dagegen gefeit, Menschen zu begegnen, die uns aufgrund ihrer eigenen seelischen und geistigen Disposition abzuwerten suchen. Doch wie wir damit umgehen, liegt in unserer Verantwortung.

Schluss mit der Opferrolle

Der US-Psychologe Gary Emery hat eine wirkungsvolle Methode entwickelt, mit der wir uns aus der Opferrolle befreien können. Die Grundlage dazu lautet »Choice versus Change«, Wahl statt Veränderung. Zwischen beidem gibt es einen bedeutsamen Unterschied: Wenn wir auf Veränderung hoffen, sind wir auf den guten Willen anderer Menschen angewiesen. Wir warten darauf, dass sie ihr abwertendes Verhalten endlich einsehen und aufgeben. Konzentrieren wir uns dagegen auf unsere eigenen Möglichkeiten, können wir wählen, was wir denken, fühlen und tun wollen. Dafür hat Emery eine Methode entwickelt, die aus drei Schritten besteht:

1. Akzeptieren Sie die gegenwärtige Realität: Sehen Sie den Tatsachen ins Auge. Belügen Sie sich nicht selbst, indem Sie sich sagen, es sei ja nicht so schlimm. Entschuldigen Sie das Verhalten der abwertenden Person nicht, etwa mit einer problematischen Kindheit. Glauben Sie vor allem niemals, Sie hätten es verdient, schlecht behandelt zu werden, weil Sie nicht perfekt sind.
2. Wählen Sie, was Sie sich wünschen: Wie wollen Sie sich fühlen? Was wollen Sie für sich erreichen? Zum Beispiel

eine faire Behandlung im Beruf, einen liebevollen Umgang in der Partnerschaft, Verlässlichkeit in der Freundschaft. Malen Sie sich genau aus, wie Ihre Wunschsituation aussehen soll.

3. Handeln Sie entsprechend: Überlegen Sie, was Sie selbst unternehmen müssen, um Ihrem gewählten Wunschziel näher zu kommen. Wohlgemerkt, es geht nur um Dinge, die Sie selbst in der Hand haben. Das kann Ihre innere Einstellung, Ihre Worte oder Handlungen betreffen. Am besten machen Sie sich dazu eine To-do-Liste. Und dann werden Sie aktiv. Tun Sie, was mit Blick auf Ihr Wunschziel nötig ist.

Wenn wir das Wahlsystem anwenden, erleben wir, dass wir weitaus mehr Einfluss und Spielraum haben, als wir bisher glaubten. So können wir etwa ein grundsätzliches Gespräch führen, Verbündete suchen, uns juristisch beraten lassen, ein Coaching buchen, verbale Taktiken entwickeln, ein anderes Verhalten lernen und einüben.

Als letzte Möglichkeit steht es uns frei, den Schauplatz zu verlassen und uns endgültig aus einer abwertenden Situation zu befreien, indem wir die Arbeitsstelle wechseln, uns aus einer Partnerschaft lösen oder eine Freundschaft beenden. Allerdings erfordert das eine Menge Entschlossenheit und Mut. Manchmal steht dabei unsere Existenz auf dem Spiel oder wir fürchten uns vor der Einsamkeit, die dann auf uns wartet. Zugegeben, der Preis ist hoch. Aber langfristig gesehen ist es das im wahrsten Sinne des Wortes wert. Indem wir uns befreien, gewinnen wir unsere Selbstachtung zurück.

Je mehr psychologisches Know-how wir haben, desto eher gelingt es uns, den Menschen, die uns bewusst oder unbewusst abwerten, Paroli zu bieten. Für die alltäglichen Respektlosigkeiten gibt es Methoden, ihnen selbstbewusst zu begegnen. Ferner sollten wir in der Lage sein, eine für uns quälende Situation sachlich zu analysieren und mögliche Gegenstrategien anzuwenden. Dabei hat jede »Säule der Identität« – Beruf, Partnerschaft, Freundschaft – ihre eigenen Bedingungen. Deshalb ist es sinnvoll, sich in Hinblick auf mögliche Abwertungen jeweils eingehend mit ihnen zu befassen.

Schauen wir uns also im Detail an, was wir gegen die verschiedenen Arten der Abwertung tun können.

Respekt einfordern

Unser Selbstwert verlangt, dass man mit uns achtsam, in angemessener Form und auf Augenhöhe umgeht. Respekt ist die Kurzform der Wertschätzung, und der steht uns in jedem Fall zu. Leider scheint das nicht jedem bekannt zu sein. Das Bewusstsein dafür fehlt etwa dem cholerischen Chef, der wegen jeder Kleinigkeit losbrüllt. Oder der Freundin, die uns bei einer Verabredung versetzt, ohne abzusagen. In dem Fall ist es an uns, den nötigen Respekt einzufordern.

Mangelnder Respekt stresst

Wie wirkt sich abwertendes Verhalten auf die Betroffenen aus? Diese Frage beschäftigt die amerikanischen Wissenschaftlerinnen Sally Dickerson und Margaret Kemeny, und so führen sie ein Experiment durch. Die Probanden gehen von einem Bewerbungstraining aus, tatsächlich aber wird die Wirkung von Stress durch Abwertung untersucht. Eine der Versuchspersonen ist John McDowell. Er ist arbeitslos und braucht dringend einen Job. Deshalb stimmt er gerne zu, als man ihm anbietet, an einem Vorstellungsgespräch zu Übungszwecken teilzunehmen. Er erscheint pünktlich zu dem Termin und ist bereit, sein Bestes zu geben. Während er engagiert von seinen Fähigkeiten und den positiven Erfahrungen an seiner früheren Arbeitsstelle berichtet, mustert ihn sein Gesprächspartner kritisch, ohne eine Miene zu verziehen. Kein Lächeln, kein freundliches Kopfnicken. Mit gerunzelter Stirn kritzelt er Notizen auf seinen Schreibblock. Zwischendurch unterbricht er John mit abfälligen Äußerungen wie »Ist das alles, was Sie zu bieten haben?«. John wird nervös. Er verhaspelt sich, vergisst, was er eigentlich sagen will, und versucht sich zu verteidigen. Im Verlauf des Interviews wird er immer unsicherer. Die übrigen Versuchspersonen reagieren ähnlich. Die Studie zeigt deutlich: Wenn sich andere uns gegenüber abwertend verhalten, erhöht sich unser Stresspegel ganz enorm. Das lässt sich auch physisch nachweisen. Der Körper setzt große Mengen Cortisol frei, ein Hormon, das uns in bedrohlichen Situationen mobilisiert. Dadurch wird die Amygdala stimuliert, die für Angstgefühle zuständige Region im Gehirn. Wir sind verunsichert, unser Selbstwertgefühl gerät ins Wanken. Dabei ist der Stress umso stärker, je ausgelieferter wir uns fühlen. In Johns Fall war es nur ein Experiment – wenn auch ein ziemlich gemeines –, doch für viele von uns ist es schmerzhafte Realität. Wir geraten an jemanden, der respektlos mit uns umgeht. Das dürfen wir nicht hinnehmen.

Das Spiel nicht mitspielen

Zum Tango gehören immer zwei, sagt ein Sprichwort. Wenn sich jemand uns gegenüber bewusst respektlos verhält, setzt er meist darauf, dass das bei uns Wirkung zeigt. Je kleiner wir uns machen, je demütiger wir uns verhalten, je ängstlicher oder irritierter wir uns verhalten, desto besser funktioniert es für ihn. Auf diese Weise kann er sich größer und mächtiger fühlen. Dadurch löst sich zumindest für eine Weile seine innere Anspannung. Dieses Spiel müssen wir nicht mitmachen. Wir können demjenigen seine verquere Entlastung verweigern. Ich erinnere mich bis heute mit grimmigem Vergnügen an eine Situation in einer Redaktion, in der ich nach meinem Studium tätig war. Die Ressortleiterin hatte ihre Position weniger durch Können als durch Protektion erreicht. Ihre wohl daraus resultierenden Minderwertigkeitsgefühle ließ sie an ihren Mitarbeiterinnen aus. Sie zitierte sie gerne in ihr Büro, nur um sie dann erst einmal zu ignorieren. Ich bekam mehrfach mit, wie eine Redakteurin verunsichert im Raum stand, während ihre Vorgesetzte so tat, als wäre sie Luft, und sich anderweitig beschäftigte, bevor sie sie endlich wahrnahm. Eines Tages war ich dran, sie ließ mich rufen. Kaum kam ich durch die Tür, begann sie ein Telefonat mit ihrem Golfpartner. Ich dachte nur: »Nicht mit mir!« Ungefragt setzte ich mich auf den Stuhl vor ihrem Schreibtisch, nahm mir eine Zeitschrift von dem darauf liegenden Stapel und begann interessiert darin zu blättern. Sie starrte mich fassungslos an und beendete sehr schnell ihr Telefonat.

Egal wie abhängig wir von unserem Gesprächspartner sind – es gibt eine Toleranzgrenze. Wir dürfen nicht alles mit uns machen lassen. Wenn wir erlauben, dass man uns bewusst verächtlich behandelt und demütigt, dann schaden wir uns selbst. Einem solchen Verhalten sollten wir Paroli bieten. Sagen Sie etwa: »Ich bin es nicht gewohnt, so behandelt zu werden.« Oder: »Bitte sprechen Sie nicht in diesem Ton mit mir.« Auch mit unserer Körpersprache können wir signalisieren, dass wir nicht mitspielen. Wirkungsvoll ist Schweigen, verbunden mit direktem Blickkontakt. Wo es möglich ist, verlassen wir den Raum. Es kann durchaus sein, dass wir uns mit konsequentem Verhalten Respekt verschaffen und sich das Blatt wendet.

Killersätze kontern

Wenn sich jemand aus heiterem Himmel eine Frechheit erlaubt, macht uns das oft sprachlos. Der Schock ist gewollt. Ziel und Zweck der Attacke ist es, uns zu verunsichern und in die Defensive zu treiben. Solche abwertenden Bemerkungen bezeichnet man als »Killerphrasen«, weil sie jede faire Kommunikation abtöten. Es sind Angriffe, die unterhalb der Gürtellinie treffen. Scheinbar sachlich geäußert, sollen sie uns in Wirklichkeit verunsichern. Deshalb lassen sie sich auch anhand der Gefühle enttarnen, die sie in uns auslösen: Betroffenheit. Hilflosigkeit. Verwirrung, Unterlegenheit, Kränkung. Empörung, Zorn oder Aggression. Das Motiv hinter den respektlosen Äußerungen ist leicht zu durchschauen. Da will sich jemand auf unsere Kosten profilieren oder eigenen Frust loswerden. Killerphrasen zielen direkt auf unsere Person ab, unser Äußeres, unsere Gefühle und psychische Stabilität, Fähigkeiten und Kompetenz, Werte, Normen oder Anschauungen. Sie können sich aber auch auf die Gruppe beziehen, zu der wir gehören, etwa Religion, Partei oder Geschlecht.

Verständlich, dass uns die respektlose Bemerkung die Sprache verschlägt. Meist finden wir erst Stunden später eine passende Erwiderung, aber dann ist es leider zu spät. Doch wir müssen in der Situation keineswegs schockstarr und mundtot bleiben. Es gibt bewährte Techniken, mit denen man Killerphrasen souverän kontert. Wenn wir die kennen, haben wir ein Repertoire, aus dem wir uns jederzeit bedienen können. Dabei macht Übung den Meister – aber vor allem die Meisterin, denn Frauen tun sich damit besonders schwer. Die Topmanagerin Simone Menne, ehemals in der Geschäftsführung des Pharmakonzerns Boehringer Ingelheim, sagt in einem Interview mit dem ›Stern‹: »Ich trainiere das mit weiblichen Nachwuchsführungskräften gezielt in Rollenspielen. Zum Beispiel, wie reagiere ich, wenn mir ein Mann in einer Diskussionsrunde blöd kommt? Wie schaffe ich es, nicht perplex dazusitzen und womöglich rot zu werden? Eine Taktik ist, das unfaire Verhalten offenzulegen.« Allerdings sollten wir dabei berücksichtigen, in welcher Beziehung wir zu der Person stehen, die uns angreift. Im Kollegen- oder Bekanntenkreis dürfen wir locker Kontra geben, bei Vorgesetzten oder wichtigen Kunden sollten wir uns dagegen eine scharfe oder flapsige Bemerkung lieber verkneifen und eine gemäßigte Form wählen. Hier ist eine Auswahl der besten Strategien:

Das Motiv aufdecken: Stellen Sie in sachlichem Ton fest: »Mit diesem Satz wollen Sie mich wohl lächerlich machen.« – »Sie versuchen, meine Kompetenz anzuzweifeln.«

Die Bemerkung ignorieren: Manchmal ist es am besten, über eine boshafte Stichelei souverän hinwegzugehen. Etwa wenn jemand sagt: »Sie sehen blass aus, Sie haben wohl zu viel gefeiert« oder »Heute bist du ja mal richtig schick«. Überhören Sie das entweder völlig oder nicken Sie kurz: »Danke für den Hinweis.«

Die Killerphrase auf die Spitze treiben: Indem Sie übertreiben, machen Sie deutlich, wie absurd die Aussage ist. Wenn Ihnen jemand über den Mund fährt: »Davon hast du doch keine Ahnung«, dann sagen Sie süffisant, dramatisch oder total zerknirscht: »Du hast ja völlig recht, davon verstehe ich wirklich nicht die Bohne.«

Die Sache richtigstellen: »Na, mal wieder während der Arbeitszeit Privatgespräche geführt?«, stichelt der Kollege. Falsche Angaben über Ihre Person oder Ihre Arbeit dürfen Sie nicht auf sich beruhen lassen, sonst bleibt am Ende noch etwas hängen. Achten Sie darauf, dass Ihr Widerspruch als Information rüberkommt und nicht nach Rechtfertigung klingt. Also statt »Aber ich habe doch gar nicht privat telefoniert« besser: »Sie irren sich, ich habe mit einem Kunden gesprochen.«

Den Angriff zurückweisen: Manchmal versucht man, Sie mit einer unpassenden Frage oder Bemerkung aus dem Konzept zu bringen. Dann fallen Sätze wie: »Warum tragen Sie nicht mal einen hübschen Rock?« oder »Fühlt sich Ihre Frau bei Ihrem Arbeitseifer nicht vernachlässigt?«. Lassen Sie sich auf keine Diskussion ein. Wiegeln Sie kurz ab: »Das ist jetzt nicht das Thema«, »Mein Aussehen tut nichts zur Sache«, »Über meine Qualitäten als Ehemann reden wir hier nicht«.

Absichtlich falsch verstehen: »Ohne dich läuft hier wohl gar nichts«, »Super, Sie haben mal wieder alles unter Kontrolle«. Solchen ironischen Bemerkungen nehmen Sie die Spitze, indem Sie sie wörtlich auffassen. Ihr Kollege sagt verächtlich: »Das hast du ja mal wieder gut hingekriegt.« Sie strahlen ihn an: »Oh, vielen Dank für das Kompliment.«

Das Thema wechseln: Tritt jemand ins Fettnäpfchen, den Sie nicht verärgern möchten oder dem Sie wegen seiner Position nicht direkt Kontra geben können, sprechen Sie einfach über etwas anderes. »Übrigens, wie geht es Ihrer Tochter?«, »Da fällt mir ein, was ist eigentlich aus dem Projekt XY geworden?«.

Den Ball zurückschmettern: Man provoziert Sie mit Sätzen wie: »Du willst dich doch nur einschmeicheln«, »Sie sind ja vom Ehrgeiz zerfressen«. Schicken Sie dem Absender seine Frechheit als Retourkutsche: »Schließe bitte nicht von dir auf andere«, »Sie scheinen damit ein Problem zu haben«.

Die Aussage ins Lächerliche ziehen: Jemand nervt Sie mit Anzüglichkeiten oder stellt Sie als dumm dar. »Im Kostüm sehen Sie so streng aus wie eine Domina«, »Wie haben Sie eigentlich Ihren Schulabschluss geschafft?«. Statt ernsthaft zu kontern, nehmen Sie ihm mit Humor den Wind aus den Segeln. »Genau, das ist mein ›Shades of Grey‹-Outfit«, »Oh, ich hatte jeden Tag Nachhilfe«.

Außer diesen speziellen Möglichkeiten gibt es noch eine Erwiderung, die für sämtliche Killerphrasen passt: Stellen Sie eine Rückfrage. Der Vorteil ist, dass Sie dazu weder schlagfertig sein noch lange überlegen müssen. Angenommen, jemand sagt: »Das ist doch Blödsinn!«, dann erkundigen Sie sich: »Was genau finden Sie daran blödsinnig?« Oder Sie zwingen Ihr Gegenüber, seinen Angriff zu erläutern: »Warum sprechen Sie das gerade jetzt an?« Die Erklärung wird ihm mit Sicherheit ziemlich schwerfallen.

Respektlose Bemerkungen mit Know-how zu kontern, ist Übungssache. In Seminaren, in denen es um Wertschätzung geht, verteile ich kleine Zettel mit unverschämten Sätzen und bitte die Anwesenden, darauf mit einer dieser Techniken zu reagieren. Das gelingt ihnen erstaunlich schnell, auch denjenigen, die das vorher nicht von sich glaubten. Tatsächlich haben ihre souveränen Repliken in der Gruppe oft schon zu spontanem Applaus geführt. Wir sind schlagfertiger und kreativer, als wir denken. Wir brauchen nur das richtige Handwerkszeug.

Abwertungen, schlechtes Benehmen und Rücksichtslosigkeit müssen wir nicht hinnehmen. Wenn uns Mitmenschen respektlos begegnen, können wir klar und deutlich ein angemessenes Verhalten einfordern. Aber wir sollten uns dabei nicht auf ihr Niveau begeben, das haben wir nicht nötig. Und wir wollen gewiss keine lautstarke Auseinandersetzung vor Publikum. Wie die Männer, die sich kürzlich auf einem Hamburger Parkplatz fast geprügelt hätten. Einer hatte den anderen als Vollidioten bezeichnet, weil der sein Auto ungünstig geparkt hatte. Statt im gleichen Ton zurückzuschießen, senden wir besser eine »Ich-Botschaft«. Das heißt, wir teilen unserem Gegenüber sachlich mit, wie seine Worte oder sein Verhalten bei uns ankommen: »Ich bin überrascht, in welcher Schärfe Sie mit mir sprechen« oder »Ich bin erstaunt, dass Sie mich unnötig lange warten lassen«. Unsere Selbstachtung kann aber auch verlangen, dass wir uns gar nicht erst auf eine Provokation einlassen. Manchmal sind wir mit dem Motto »Was kümmert es den Mond, wenn ihn ein Hund anbellt« gut beraten. Dazu eine kleine Anekdote, die das recht anschaulich illustriert: Ein Lord wird während einer Debatte im englischen Oberhaus von einem anderen Mitglied aufs Übelste beschimpft. Er reagiert völlig gelassen. Als er anschließend gefragt wird, warum er es seinem Widersacher denn nicht mit gleicher Münze heimgezahlt habe, sagt er nur kühl: »Ich lasse mein Verhalten doch nicht von anderen bestimmen.«

Gegen gelegentliche Missachtungen können wir uns mit rhetorischen Techniken und bewährten Kommunikationsregeln wappnen. Und selbst wenn uns das nicht immer gelingt, sind die Folgen nicht so gravierend. Falls wir durch fehlende Wertschätzung nur kurz unter Stress geraten, sind wir vielleicht wütend, traurig oder enttäuscht, kommen aber seelisch und körperlich bald wieder ins Lot. Zieht sich dagegen eine belastende Situation länger hin, wird unsere psychische und physische Anpassungsfähigkeit überstrapaziert. Die ständige Aktivierung unseres inneren Alarmsystems führt zu einer Schädigung, die sogar chronisch werden kann. Sie geht mit Symptomen wie Schlafstörungen, Reizbarkeit und diversen körperlichen Beschwerden einher. Ein permanenter Mangel an Wertschätzung ist vor allem in den wichtigsten Bereichen unseres Lebens höchst gefährlich: im Beruf, in der Partnerschaft und in unseren engen privaten Kontakten.

Abwertung im Beruf

Man sollte meinen, im beruflichen Umfeld habe sich in puncto Wertschätzung schon vieles geändert. Schließlich belegen zahlreiche Untersuchungen, wie wichtig sie für die Mitarbeiterzufriedenheit und Loyalität ist. Ohne sie gibt es erhöhte Fehlzeiten, innere Kündigung, Dienst nach Vorschrift und Fluktuation. Das ist auch bei vielen Arbeitgebern angekommen, deshalb pflegen sie bewusst ein Klima der Wertschätzung. Trotzdem gibt es immer noch Unternehmen, in denen ein reines Kosten-Nutzen-Denken vorherrscht. Der Einzelne zählt nicht als Mensch, er wird nur in seiner Funktion gesehen. Hier sind Kälte und Härte die Regel. Eine Bekannte erzählte mir dazu diese Geschichte: Auf einem Empfang plaudert sie mit dem Inhaber einer Firma. Er erwähnt, dass soeben ein langjähriger, treuer Mitarbeiter ausgeschieden sei. »Na, da haben Sie ihm aber sicher ein schönes Abschiedsfest gemacht?«, fragt meine Bekannte. Ihr Gesprächspartner kontert kühl: »Nein, warum denn? Der Mann hat doch sein Gehalt bekommen.«

Durch die Medien erfährt man immer wieder von skandalöser Missachtung. Da werden Angestellte von Supermarktfilialen heimlich mit Kameras bis in ihre Umkleideräume überwacht. MitarbeiterInnen einer Drogeriekette werden aufgrund von Personaleinsparung ausgebeutet und durch mangelnden Schutz in den Läden sogar dem Risiko eines Überfalls ausgesetzt. Auch in manchen anderen Branchen herrscht ein Klima der Abwertung. Mich schaudert es jedes Mal, wenn ich den Begriff »Minderleister« oder »Low Performer« höre. Dahinter steht die Einstellung: Entweder man liefert – oder man kann gehen.

Abwertende Vorgesetzte

Ein kaltes Klima ist schon schlimm genug. Doch unerträglich ist es, wenn jemand an der Spitze steht, der die MitarbeiterInnen ständig missachtet. In Führungspositionen wird Macht oft hemmungslos ausgelebt, weil niemand da ist, der das Verhalten korrigiert.

Lauren Weisberger arbeitete nach ihrem Studium als persönliche Assistentin von Anna Wintour, der Herausgeberin der ›Vogue‹. Die Erfahrungen mit ihrer ehemaligen Chefin schildert sie in ihrem Schlüsselroman ›Der Teufel trägt Prada‹: Miranda Priestley, Herausgeberin des Modemagazins ›Runway‹ schikaniert ihre Mitarbeiterinnen von morgens bis abends. Die trauen sich noch nicht mal zur Toilette – Miranda könnte ja just in dieser Minute etwas von ihnen wollen. Spezialität des Hauses sind auch arrogantes Übersehen und unmögliche Forderungen: »Bis ich vom Lunch zurückkomme, brauche ich einen neuen Koch. Er sollte mindestens zehn Jahre vorwiegend in französischer Küche vorweisen.« – »Sehen Sie zu, dass die Pässe rechtzeitig bis zum Abflug heute

Abend erneuert sind.« Mrs. Priestley schafft es mühelos, ihre Assistentin an den Rand des Nervenzusammenbruchs zu bringen.

Das liest sich amüsant. Aber im Alltag haben solche Schikanen nicht den geringsten Glamour. Eine 52-jährige Redakteurin – nennen wir sie Meike – arbeitet seit Jahren in der Redaktion einer Frauenzeitschrift. Ihre Fähigkeiten werden von Kolleginnen und freien Autoren anerkannt und hoch geschätzt. Dann gibt es einen Personalwechsel. Man setzt Meike eine junge Ressortleiterin vor die Nase, die recht unerfahren ist. Das wäre nicht weiter schlimm, wenn sie wenigstens Führungsqualitäten zeigen würde und ihre bewährte Mitarbeiterin machen ließe. Aber dazu ist ihre Eitelkeit zu groß. Sie erträgt es einfach nicht, von einer gestandenen Redakteurin zu hören, dass der Artikel einer freien Mitarbeiterin oberflächlich recherchiert sei oder zu wenig Substanz habe. Das bekommt Meike zu spüren. Was immer sie an Themen vorschlägt, wird als uninteressant abgeschmettert, ihre Einwände werden als pingelig abgetan. Auf ihrem Schreibtisch landen nur noch unbedeutende Aufgaben. Meike, die Vollblutjournalistin, leidet. Schon morgens in der U-Bahn quälen sie Magenschmerzen angesichts der vor ihr liegenden Stunden. Am liebsten würde sie das Handtuch werfen. Kolleginnen, bei denen sie sich ausweint, beschwören sie: »Das musst du durchstehen. Wo willst du denn hin? Du weißt doch, wie schwer es momentan ist, überhaupt einen Job in unserer Branche zu bekommen. Und dann in deinem Alter ...« Meike versucht, durchzuhalten.

Abwertung im Kollegenkreis

Nicht nur einzelne Vorgesetzte, auch ganze Gruppen können sich auf eine Mitarbeiterin oder einen Mitarbeiter einschießen. Das ist besonders schlimm, weil man dann nicht einmal Leidensgenossinnen oder -genossen hat, mit denen man sich solidarisieren könnte. Seit den Neunzigerjahren hat sich dafür der Begriff »Mobbing« eingebürgert. Die gemobbte Person wird ausgegrenzt. Die Methode ist immer gleich: Man bringt den anderen durch Missachtung und Abwertung dahin, so an sich zu zweifeln, dass er keine Gegenwehr mehr wagt. Durch Herabsetzen verliert er zunehmend an Selbstvertrauen und glaubt schließlich: »Ich kann nichts, ich bin nichts wert, ich bin der Sache nicht gewachsen.« Das geht keineswegs nur schwachen Persönlichkeiten so. Wir alle brauchen unsere Mitmenschen als Spiegel, um zu wissen, wer wir sind. Wirft uns der Spiegel Tag für Tag ein hässliches Bild zurück, dann glauben wir am Ende, das sei die Wahrheit über uns, und betrachten uns als unfähig und wertlos. Wir verlieren unsere Lebensfreude, werden vielleicht sogar depressiv oder krank.

Wohlverhalten nutzt nichts

Bei den meisten Fällen fragt man sich im Nachhinein: Warum hat das Opfer das mit sich machen lassen? Warum hat es das so lange ertragen? Meist halten die Betroffenen still aus Angst davor, dass ihnen ein offener Konflikt Nachteile bringen könnte. Aber Wohlverhalten nutzt wenig. Im Gegenteil, es stachelt zu weiteren Gemeinheiten an. Deshalb geht es darum, sich zu wehren und sich so schnell wie möglich Hilfe zu holen. Wenn die Abwertung von Kollegen ausgeht, dürften Vorgesetzte die ersten Ansprechpartner sein. Eine fähige Führungskraft muss in der Lage sein, Schikanen zu unterbinden. Zum Glück lernen inzwischen immer mehr von ihnen in Fortbildungsseminaren, wie man mit Konflikten unter Mitarbeitern umgeht. In einem großen Unternehmen kann man sich auch an die Personalabteilung, den Betriebsrat oder Vertreter der Gewerkschaft wenden. Last but not least ist es sinnvoll, sich in einer auf Arbeitsrecht spezialisierten Anwaltspraxis juristisch beraten zu lassen. Das lohnt sich auch, wenn die Abwertung von Vorgesetzten ausgeht. Wer bereits unter schweren Folgen von Abwertung leidet, für den ist es das Beste, sich vorübergehend durch eine Krankschreibung aus dem schädlichen Umfeld zu entfernen. Oft scheuen die Betroffenen davor zurück, weil sie glauben, dann sei offenkundig, wie wenig belastbar sie sind. Oder sie fürchten, man könnte ihnen kündigen. Doch seelische Heilung ist nur möglich, wenn man nicht mehr täglich den Quälereien ausgesetzt ist. Die Auszeit sollte man nutzen, um sich mit fachlicher Hilfe zu stabilisieren, am besten mit einer Psychotherapie. Dabei geht es nicht darum, Defizite aus der Kindheit aufzuarbeiten, sondern wieder auf die Füße zu kommen und Kraft zu gewinnen. Danach stellt sich die Frage, ob man tatsächlich in das krank machende Milieu zurückgehen will.

Flüchten oder standhalten?

Ob wegen einer abwertenden Führungskraft oder mobbenden KollegInnen – wenn wir alles versucht haben und feststellen, dass sich an den Gegebenheiten nichts ändert, dann sollten wir den Mut haben zu gehen. Ich weiß wohl, dass es nicht einfach ist, zu kündigen. Eine neue Arbeitsstelle findet sich nicht so schnell. Ohne ein festes Gehalt kann es zu existenziellen Problemen kommen. Vielleicht verliert man damit auch eine Tätigkeit, die man liebt. Doch zu bleiben schadet auf Dauer der Gesundheit und dem Selbstwertgefühl. Zudem wird durch die psychische Belastung mit Sicherheit die Arbeit schlechter. Deshalb ist es sinnvoll, eine grundsätzliche Veränderung anzustreben. Dazu müssen wir Vertrauen in uns selbst und unsere Zukunft haben. Vielleicht hilft dabei der Gedanke, dass Sicherheit im Beruf ohnehin trügerisch ist. Das gilt auch für diejenigen, die sich jetzt noch in einer guten Position befinden. Studien haben ergeben, dass heutzutage sogar ein Drittel derjenigen, die eine Ausbildung haben, früher oder später nicht nur ihren Arbeitsplatz, sondern sogar ihren Beruf wechseln muss. Ich habe selbst miterlebt, wie schnell sich etwas verändern kann und wie unerwartet das oft geschieht. Es ist noch gar nicht lange her, da wurde im Zuge der Sparmaßnahmen eines großen Verlagshauses eine gesamte Redaktion, außer den leitenden Angestellten, entlassen. Plötzlich standen alle auf der Straße, viele ohne eine Abfindung. Einige von ihnen suchten bei mir im Coaching Unterstützung, weil sie nicht wussten, wie es weitergehen sollte.

Doch es gibt einen Trost: Wenn wir vor vollendete Tatsachen gestellt werden, weckt das in uns oft ungeahnte Kräfte, frei nach Hölderlin: »Wo aber Gefahr ist, wächst das Rettende auch.« Plötzlich sind wir kreativer und engagierter, als wir es je von uns gedacht hätten. Was sich in solchen scheinbar ausweglosen Situationen einstellt, ist der »Verbrannte-Schiffe-Effekt«: Der spanische Eroberer Hernán Cortés setzte auf mexikanischem Boden seine Schiffe in Brand, damit seine Soldaten keine Rückzugsmöglichkeit mehr hatten. Mit dem Mut der Verzweiflung eroberten sie in wenigen Monaten das Riesenreich des Montezuma. Wenn uns nichts anderes übrig bleibt, müssen wir vorwärtsgehen. Es hat wenig Sinn, früheren Bedingungen nachzutrauern. Oder noch immer wütend und gekränkt zu sein, weil man uns so missachtend behandelt hat. Das bindet nur Energie.

Wenn Sie sich in so einer Situation befinden, rate ich Ihnen: Ziehen Sie bewusst einen Schlussstrich unter die Vergangenheit und schauen Sie nach vorne. Was wollen Sie erreichen? Finden Sie heraus, wo und wie Sie fachliche Unterstützung bekommen. Aktivieren oder knüpfen Sie Netzwerke, in denen Chancen und Informationen ausgetauscht werden. Lassen Sie sich von Menschen inspirieren und aufmuntern, die eine ähnliche Lage bereits erfolgreich gemeistert haben. Ganz sicher gibt es für Sie wieder eine passende Tätigkeit, wahrscheinlich sogar eine bessere. Daran sollten Sie glauben. Dass es sich dabei keineswegs um eine naive Einstellung handelt, belegen Studien des Psychologieprofessors Charles Snyder und seiner Mitarbeiter von der Universität Kansas. Sie haben herausgefunden, dass eines der wichtigsten Fundamente für Erfolg die Hoffnung ist. Hoffnung hat nichts mit einem simplen Alles-wird-gut-Denken zu tun, es handelt sich vielmehr um eine besondere Stärke der Persönlichkeit. Snyder fand heraus, dass »High Hopers«, Menschen, die besonders hoffnungsvoll in die Zukunft blicken, ihren Willen gegen alle Widrigkeiten des Lebens aktivieren. Hoffnung wird als ein zielorientiertes Konzept definiert: Hoffnungsvolle Menschen setzen sich realistische, sinnvolle Ziele und motivieren sich selbst, sie auch zu erreichen. Snyders Untersuchungen zeigten, dass »High Hopers« bei Leistungsprüfungen und Herausforderungen am besten abschnitten. Der Unterschied zu »Low Hopers«, Menschen mit geringer Hoffnung, zeigte sich daran, wie sie mit Hindernissen umgingen. Während »Low Hopers« ihre negative Erfahrung mit einem deprimierten »Ich habe mir schon gedacht, dass es so enden würde« kommentierten, suchten »High Hopers« meist umgehend nach Lösungen. Die Hoffnung auf etwas Besseres dürfen wir also auf keinen Fall aufgeben.

Meike wagt schließlich den Sprung trotz aller Bedenken. Fast zwei Jahre lang hat sie zähneknirschend stillgehalten. Doch dann fällt eines Tages der Tropfen, der für sie das Fass zum Überlaufen bringt. Die Ressortleiterin knallt ihr ein redigiertes Manuskript auf den Schreibtisch und zischt sie an: »Das ist Bullshit!« In diesem Moment legt sich bei Meike innerlich ein Schalter um. Am nächsten Tag reicht sie die Kündigung ein. Nun ist sie gezwungen, sich etwas Neues zu suchen. Das tut sie mit viel Engagement. Unter anderem meldet sie sich bei einer Autorin, mit der sie früher gerne gearbeitet hat. Zufällig hat die gerade den Auftrag angenommen, ein Sachbuch zu schreiben, und wünscht sich dabei kompetente Unterstützung. So kommt Meike zu ihrer zweiten Karriere, in der sie sich glücklich fühlt. Heute ist sie freie Lektorin und Literaturagentin.

Fehlende Wertschätzung in der Partnerschaft

Jeder von uns hat Schwächen, Unarten, Empfindlichkeiten, Unzulänglichkeiten und Eigenheiten. Da bleibt es kaum aus, dass das Zusammenleben manchmal schwierig ist. In einer Partnerschaft lassen sich Abwertungen kaum vermeiden. Es kann durchaus vorkommen, dass wir trotz aller Liebe manchmal wenig wertschätzend miteinander umgehen. Wir hören nicht zu, machen eine verletzende Bemerkung, reagieren unsensibel oder werden ungerecht. Manchmal gehen die Nerven mit einem durch, vor allem wenn man im Beruf angespannt ist oder es gerade mit den Kindern stressig ist. Da ist Toleranz gefragt.

Aber auch das gibt es zu bedenken: Nicht immer handelt es sich tatsächlich um Abwertung. Manchmal unterstellen wir einfach, dass wir nicht genügend geschätzt werden, oder wir sind in bestimmten Punkten überempfindlich. Deshalb ist es sinnvoll, sich auch einmal selbstkritisch unter die Lupe zu nehmen.

Missverständnisse klären

Gerade wenn man eng zusammenlebt, kann es zu Missverständnissen kommen. Wenn wir vermuten, dass uns unser Partner oder unsere Partnerin in einer bestimmten Situation nicht genügend wertschätzt, gibt es eine einfache Möglichkeit, das zu überprüfen: nachfragen, ob wir mit unserer Interpretation richtig liegen. Diese effektive Methode empfiehlt sich für alle, die sich aus dem, was sie erleben, zielsicher das herauspicken, was ihre pessimistische Erwartung bestätigt. Wenn sie mit Abwertung rechnen, deuten sie das Verhalten ihres Gegenübers entsprechend, auch wenn es möglicherweise andere Gründe hat. Mit einer direkten Frage lässt sich das klären. Fragen Sie, ob Ihre Vermutung zutrifft: »Du hast unseren Hochzeitstag vergessen. Heißt das, dass es für dich mittlerweile ein Tag wie jeder andere ist?« – »Du hast mich auf deiner Geschäftsreise nur einmal angerufen. Bin ich dir nicht wichtig?«. »Liege ich damit richtig?«, »Stimmt das?« – eine Frage schafft Klarheit. Und dann hören Sie gut zu, was Ihr Gegenüber zu sagen hat. Selbst wenn sich Ihre negative Auslegung bestätigen sollte, wissen Sie immerhin, woran Sie sind. Auf der Basis einer ehrlichen Antwort ist eine positive Veränderung möglich. Die Erfahrung zeigt jedoch, dass die meisten Menschen eher zu pessimistisch interpretieren. Oft fallen die Befragten aus allen Wolken und sind zerknirscht, weil sie gar nicht geahnt haben, dass ihr Verhalten als fehlende Wertschätzung interpretiert wird.

Den eigenen wunden Punkt kennen

Wir alle haben unsere wunden Punkte. Werden die berührt, empfinden wir oft etwas als Abwertung, was gar nicht so gemeint ist.

Svenja, 41, Goldschmiedin, fasst es als schlimme Abwertung auf, wenn ihr Mann Timo einen oberlehrerhaften Ton anschlägt. Sie kommt sich dann wie ein dummes Kind vor. Dabei will Timo sie keineswegs wie ein kleines Mädchen behandeln, es ist einfach seine Art, etwas mitzuteilen, was ihm wichtig ist. Svenja projiziert in dem Fall ihren autoritären Vater auf ihn, der damals in ähnlicher Weise mit ihr gesprochen hat.

Jörg, ein 31-jähriger Ingenieur, fühlt sich abgewertet, wenn sich seine Freundin Britta auf einer Party mal etwas länger mit einem anderen Gast unterhält. Er reagiert dann beleidigt und macht ihr zu Hause eine Szene.

In solchen Fällen lohnt es, sich selbstkritisch zu fragen: Ist es gerechtfertigt, dass ich mich so aufrege – oder reagiere ich nur aufgrund früherer Erfahrungen überempfindlich? Das lässt sich leicht feststellen: Sobald ein wunder Punkt berührt wird, sausen wir gefühlsmäßig in die Kindheit zurück und werden von Emotionen überwältigt. Sicher hätten sich bei dem gleichen Ereignis auch andere Menschen geärgert oder wären gekränkt gewesen, doch sie hätten es weniger wichtig genommen und schneller wieder vergessen. Je nachdem, was wir in unserer Kindheit und Jugend an Verletzungen erlebt haben, können bestimmte Verhaltensweisen unserer Umgebung bei uns die heftigsten Reaktionen hervorrufen. Wenn uns das bewusst ist, haben wir die Möglichkeit, gegenzusteuern.

Wenn sich Abwertungen summieren

Gelegentliche mangelnde Wertschätzung lässt sich emotional auffangen. Aber Abwertungen können sich auch zu einer Krise summieren. In einer Partnerschaft gibt es oft schwierige Phasen, die das begünstigen. Das ist meist der Fall, wenn beide durch die Lebensumstände besonders gefordert sind.

Bei Irene und Markus ist das nach der Geburt ihres ersten Kindes der Fall. Der kleine Boris ist häufig krank. Irene, 34, fühlt sich mit dem schreienden Säugling überlastet. Markus, 36, hat Stress in seinem Beruf als Unternehmensberater. Jeder von beiden hat vermeintlich einen berechtigten Anspruch auf Unterstützung, aber keiner von beiden ist in der Lage, den anderen emotional aufzufangen. In hitzigen Auseinandersetzungen verletzen sie sich gegenseitig.

Fehlende Wertschätzung, die aus ungünstigen Umständen entsteht, ist schmerzhaft, muss die Beziehung aber nicht irreparabel beschädigen. Wichtig ist, dass das Paar auch in einer Krise im Gespräch bleibt. Dabei helfen dieselben Kommunikationsregeln, mit denen wir prinzipiell fehlende Wertschätzung ansprechen: Die Abwertung benennen, die eigenen Gefühle beschreiben, gemeinsam eine Lösung suchen. Auch hier ist es wichtig, unbedingt auf Vorwürfe, Verallgemeinerungen und Unterstellungen zu verzichten. Das ist meist leichter gesagt als getan, denn es verlangt viel Selbstbeherrschung und die Fähigkeit zu verzeihen. Falls es einem Paar nicht aus eigener Kraft gelingt, ist eine Paarberatung sinnvoll. Irene und Markus haben sie ein halbes Jahr lang in Anspruch genommen. Ein Therapeut hat ihnen dabei geholfen, sich gegenseitig zuzuhören und die Gefühle des anderen zu verstehen. Das hat sie einander wieder nähergebracht. Heute ist diese schmerzhafte Phase überstanden.

Nicht gleich aufgeben

Auch wenn es in der Zweierbeziehung in puncto Wertschätzung manchmal über längere Zeit kritisch ist, sollten wir nicht gleich die Flinte ins Korn werfen, sondern versuchen, den Zustand zu ändern. Am effektivsten ist es, damit bei sich selbst anzufangen: etwa nicht jedes Wort auf die Goldwaage zu legen und gekränkt zu reagieren. Schwächen des anderen zu akzeptieren, anstatt sich davon jedes Mal bis zur Weißglut reizen zu lassen. Die eigenen Anteile an Streit und Differenzen zu erkennen. Solange man noch Liebe füreinander empfindet, lohnt es sich, an der Beziehung zu arbeiten. Es ist nämlich eine Illusion, zu glauben, man müsse sich nur trennen und in der nächsten Partnerschaft würde dann alles wesentlich besser. Es wird höchstens anders, denn da prallen mit Sicherheit wieder Unvereinbarkeiten aufeinander. Den Traumprinzen oder die Traumfrau gibt es leider nicht. Natürlich muss jeder für sich selbst klären, ob er mit den Eigenheiten des anderen leben kann. Doch die Entscheidung sollte nicht übereilt getroffen werden. Manchmal hilft es, den Kopf einzuschalten und eine ausführliche Pro- und Kontra-Liste zu machen. Wenn auf der Habenseite mehr als auf der Sollseite steht und sich bei »Kontra« nichts findet, was völlig unerträglich ist, dann ist Zusammenbleiben gewiss eine gute Alternative.

Dauerhafter Mangel an Wertschätzung

Eine schwierigere Situation liegt vor, wenn es sich nicht um ein temporäres Fehlen von Wertschätzung handelt, sondern um einen Dauerzustand oder es zumindest subjektiv so empfunden wird. Das kann der Fall sein, wenn wir mit einem

Menschen verbunden sind, der eine psychische Störung hat. Manche seelischen Probleme führen dazu, dass die Betroffenen nicht in der Lage sind, Nähe herzustellen oder zuzulassen. Sie reagieren abweisend auf den Ausdruck von Gefühlen. Selbst wenn es nicht so gemeint ist, bedeutet das für die Partnerin oder den Partner eine permanente Abwertung. Sie verhungern emotional neben der Person, die sie lieben. So geht es Birgit, einer 32-jährigen Kauffrau, mit ihrem Freund Manuel. Er ist klug, freundlich und tut vieles für sie – aber wenn sie Zärtlichkeit will, verschließt er sich wie eine Auster. »Ich halte das nicht mehr aus«, klagt sie. »Ich weiß ja, dass er nichts dafür kann, aber ich fühle mich total abgelehnt. Was soll ich nur machen, ich liebe ihn doch, er ist so ein feiner Mensch.«

Eine psychische Störung kann sich auch in einem für den Partner oder die Partnerin verletzenden Sexualverhalten zeigen. Etwa wenn die Partnerin körperliche Nähe ablehnt und sie allenfalls kalt über sich ergehen lässt. Oder wenn der Partner ständig künstliche Anregung braucht. So erhielt ich den verzweifelten Brief einer Frau, die sich abgewertet fühlt, weil ihr Mann regelmäßig Pornos im Internet anschaut. Er spielt das als völlig normal herunter und bezeichnet ihre Reaktion als übertrieben und verklemmt.

Probleme im sexuellen Bereich sind erfahrungsgemäß tief greifend mit der Persönlichkeit verbunden und von daher schwer zu ändern. Zudem ist die körperliche Liebe ein Gebiet, auf dem wir besonders verletzbar sind. Es geht uns an die Substanz, wenn wir hier gekränkt oder abgewertet werden.

Wer sich in einer Beziehung durch die psychischen Probleme des anderen ständig abgelehnt fühlt, nimmt das gewiss kaum einfach hin, sondern versucht, die unerträgliche Situation zu ändern. Dabei wählen Frauen und Männer meist unterschiedliche Wege: Frauen sprechen das Problem eher an. Sie sind auch aufgeschlossener für Hilfe von außen. Häufig drängen sie ihren Partner, sein Problem mit einem Psychotherapeuten zu besprechen. Sie lesen Ratgeber, um Hinweise zu erhalten, wie sie mit dem Verhalten umgehen können. Oder sie fahren emotionale Geschütze auf, weinen, werden wütend und stellen ein Ultimatum: Wenn sich das nicht ändert, gehe ich. Entlastung finden sie im Austausch mit Freundinnen.

Männer versuchen es häufig mit Aktivitäten: Sie machen ihrer schwierigen Partnerin Geschenke oder lassen sich etwas Besonderes einfallen. Sie geben all ihren Forderungen nach, in der Hoffnung, dass sie sich dann zugewandter zeigt. Oder sie gehen der frustrierenden Situation aus dem Weg, indem sie sich in die Arbeit stürzen oder sich übermäßig einem Hobby widmen. Eventuell kompensieren sie die permanente Abwertung mit einem Seitensprung.

Welches Mittel man auch wählt, es ist fast immer vergebens. Tatsächlich ist die Vorstellung, mit Liebe und Verständnis könne man das tief sitzende Problem lösen, eine Illusion. Vielleicht haben die Betroffenen ja die besten Absichten, sich zu ändern, doch ohne Hilfe von außen wird das kaum gelingen. Die Ursachen müssen therapeutisch aufgearbeitet und ein neues Verhalten erlernt werden.

Die Entscheidung, ob man in dieser Beziehung bleiben oder sie aufgrund der ständigen Frustration beenden will, fällt besonders schwer, weil es auch schöne gemeinsame Momente gibt und Bereiche, in denen sich das Paar gut versteht. Eines sollte man aber wissen: Von selbst ändert sich nichts. Und auch wenn der Partner oder die Partnerin einer Psychotherapie zustimmt, braucht das Zeit und erfordert viel Geduld von allen Beteiligten. Die entscheidende Frage ist deshalb: Kann ich das Verhalten auf die Dauer ertragen? Die muss jeder ganz persönlich für sich beantworten.

Zu bleiben ist allerdings keine Option, wenn es sich um einen Partner oder eine Partnerin mit einer narzisstischen Persönlichkeitsstörung handelt. Dann befindet man sich in einer toxischen Beziehung, aus der man sich so schnell wie nur irgend möglich befreien sollte. Die hat nämlich mit Liebe nichts zu tun, sondern mit Macht und Abhängigkeit. Anfänglich ist das meist nicht zu merken, denn diese Menschen können sehr charmant und gewinnend sein. Doch wehe, wenn sie sich des anderen sicher sind – dann beginnt die Qual.

Die Heilpraktikerin Vera Kaesemann hat die Geschichte einer narzisstischen Verbindung protokolliert: Sarah, Leiterin einer kleinen Werbeagentur, lernt im Job den charmanten, gut aussehenden Maximilian kennen und verliebt sich in ihn. Zu Beginn umwirbt er sie nach allen Regeln der Kunst, doch nachdem er Gefühle in ihr geweckt hat und sie an seiner Angel hängt, beginnt das perfide Spiel der Abwertung. Er verunsichert sie mit Kritik. Schließlich ist sie völlig abhängig von seinem Urteil und bemüht sich ängstlich, alles richtig zu machen. Im Bett fühlt sie sich von ihm mehr benutzt als geliebt, passt sich aber seinen Wünschen an. Sobald Sarah ihm jedoch zu entkommen droht, weil sie zu sehr leidet, ändert Maximilian sein Verhalten. Nach dem Prinzip Zuckerbrot und Peitsche bindet er sie an sich. Am Ende verliert Sarah ihre Würde und ihr Selbstwertgefühl. Mit letzter Kraft sucht sie Hilfe in einer Psychotherapie.

Die französische Psychoanalytikerin Marie-France Hirigoyen nennt narzisstische Menschen »seelisch pervers«. In ihrem Buch ›Die Masken der Niedertracht‹ beschreibt sie diesen Typus: »Diese Personen können nicht anders leben, sie müssen den anderen ›zerstören‹. Sie müssen ihn herabwürdigen, um Achtung vor sich selbst zu gewinnen und dadurch

Macht.« Die psychische Gewalt, mit der Narzissten agieren, erniedrigt ihr Gegenüber, raubt ihm Selbstachtung und macht es hilflos. Dabei gehen sie äußerst geschickt vor. Sensibel treffen sie den wunden Punkt und schaffen es, ihr Opfer ins Unrecht zu setzen. Voller Scham und Schuldgefühle glaubt es, es habe sich diese Behandlung schließlich selbst zuzuschreiben, weil es ja so unfähig und fehlerhaft ist.

Christian, einem 34-jährigen Apotheker mit stark narzisstischen Zügen, passte es nicht, dass seine Freundin Lotta zu ihrem Geburtstag einige Freunde und Kollegen zum Essen eingeladen hatte. Am Tisch kippte er den Wein nur so in sich hinein, obwohl ihn Lotta mehrfach diskret bat, nicht so viel zu trinken. Als sie das Dessert auftrug, war er schon betrunken. »Ich will, dass ihr nach Hause geht«, beschimpfte er die Gäste. Als die nicht gleich reagierten, beugte er sich vor und erbrach sich auf den Tisch. Damit hatte er sein Ziel erreicht. Hastig verabschiedete sich einer nach dem anderen. Als alle weg waren, sagte er zufrieden: »So, jetzt habe ich dich wieder für mich.« Lotta wischte das Erbrochene auf und überlegte, ob sie Christian vielleicht mit der Einladung überfordert hatte. Schließlich brauchte er doch so viel Zuwendung, weil er in der Kindheit zu kurz gekommen war.

Roberta, 29, genießt es, wenn sich die Männer um sie reißen, und flirtet auf jeder Party hemmungslos. Sie verschwindet auch schon mal mit einem Gast im Schlafzimmer und taucht nach einer Weile mit zerzauster Frisur und verschmiertem Lippenstift wieder auf. Ihr Mann Jonas leidet darunter und hat sie schon häufig gebeten, sich doch wenigstens in seiner Gegenwart zusammenzureißen. Was nur dazu führt, dass sie ihn als Spießer beschimpft. Sobald sie jedoch merkt, dass er sich zurückzieht, gelobt sie unter Tränen Besserung und schwört, er sei der Einzige, den sie wirklich liebt. Jonas schafft es nicht, sich von dieser scheinbar so faszinierenden Frau zu lösen.

Eines ist klar: Ein narzisstischer Mensch ändert sich nicht, denn er sieht keinen Grund dazu. Er wird sich mit seinem Verhalten immer im Recht fühlen und jeden, der in seine Nähe kommt, zum Opfer seiner Selbstaufwertung machen. Da gibt es nur eins: sich zu schützen und sämtliche Kraft für eine Trennung zu mobilisieren.

Der Weg zur Trennung

Generell gilt: Wenn wir uns entschlossen haben, den Menschen zu verlassen, der uns ständig abwertet, dann brauchen wir viel Standfestigkeit. Besonders schwierig ist es, wenn der andere auf die Eröffnung, man werde sich von ihm trennen, in extremer Form reagiert. Als sich ein ehemaliger Klient von mir aus einer Beziehung lösen wollte, in der er sich ständig abgewertet fühlte, drohte seine Freundin damit, sich umzubringen. Das ist schwer zu ertragen, trotzdem sollte man seinen Entschluss nicht widerrufen. Mitleid ist keine Basis für eine Liebesbeziehung. Fürsorglichkeit und Verantwortung bedeuten in dem Fall, dass man nahestehende Personen um Hilfe für den gefährdeten Menschen bittet oder eine psychotherapeutische Unterstützung anregt.

Auch Psychoterror darf nicht dazu führen, dass man bleibt – so berechtigt die Angst davor auch ist. Die Polizei kann ein Lied davon singen, wie ehemalige PartnerInnen mit Telefonanrufen, übler Nachrede und Gewalt Druck ausüben. Oft kann sich das Opfer nur durch ein Gerichtsurteil oder den Umzug in eine andere Stadt retten. Immerhin ist Stalking ein strafbares Vergehen. Drohungen jeder Art sind durchaus ernst zu nehmen. Wenn Sie in so einer Lage sind: Schützen Sie sich und organisieren Sie Hilfe. Lassen Sie sich aber trotzdem nicht von Ihrem Entschluss abbringen. Weder Schuldgefühle noch Angst sollten Sie in einer Beziehung ausharren lassen, in der Sie keine Wertschätzung erhalten.

Fehlende Wertschätzung in der Freundschaft

Nicht immer können wir uns aussuchen, mit wem wir zusammen sein wollen. Doch es gibt Menschen, mit denen wir freiwillig Umgang pflegen: Freunde und Bekannte. Auch sie sind ein Spiegel, der uns zeigt, wie viel Selbstwertgefühl wir haben. Das können wir daraus ableiten, mit welcher Wertschätzung sie uns begegnen. Von daher ist die Beschäftigung mit unseren freundschaftlichen Beziehungen und näheren Kontakten ein Akt der Selbsterkenntnis. Es lohnt sich, die Verbindung zu ihnen einmal gründlich zu erforschen. Dann wissen wir, was sich mit Blick auf unseren Selbstwert ändern muss – entweder bei uns oder den anderen.

Ein Soziogramm gibt den Überblick

Wenn wir uns einen Überblick über unsere privaten Beziehungen und Kontakte verschaffen möchten, ist ein Soziogramm nützlich. Es zu erstellen, erfordert nur wenig Zeit und Aufwand. Wir müssen nämlich keineswegs sämtliche Personen aufführen, die wir kennen. Weglassen dürfen wir den Bäcker, bei dem wir morgens die Brötchen holen, die Nachbarin, die wir nur freundlich grüßen, oder eine Bekannte, mit der wir gelegentlich auf einer Party plaudern. Wir führen diejenigen auf, die für uns von emotionaler Bedeutung sind.

Und so wird das Soziogramm erstellt: Nehmen Sie ein großes Blatt Papier. Schreiben Sie in die Mitte »Ich« und ziehen

Sie darum einen Kreis. Zeichnen Sie nun für jede wichtige Person, die zu Ihren Freunden und Bekannten zählt, einen kleinen Kreis. Je näher sie Ihnen emotional und räumlich steht, desto näher sollte ihr Kreis an Ihrem eigenen liegen. Schreiben Sie jeweils die Initialen der Person in deren Kreis. Verbinden Sie dann die kleinen Kreise mit Ihrem eigenen. Am Ende ergibt sich das Bild einer Sonne mit langen und kurzen Strahlen. Sie sehen nun auf einen Blick, mit wem Sie in Verbindung stehen. Im zweiten Schritt geht es darum, sich anzuschauen, welche Qualität diese Beziehungen haben.

Die Qualität der Beziehung

Gehen Sie jede einzelne Person auf Ihrem Soziogramm nach Kriterien durch, die auf Wertschätzung hinweisen:

Sie ist Ihnen gegenüber ehrlich. Sie ist zuverlässig. Sie steht in Krisen zu Ihnen. Sie redet gut über Sie, auch wenn Sie nicht dabei sind. Mit ihr können Sie offen sprechen. Sie ist nicht neidisch oder eifersüchtig auf Sie. Sie unterstützt Ihre Pläne. Ihre Kritik ist konstruktiv. Sie geht respektvoll mit Ihnen um. Geben und Nehmen ist in Ihrer Beziehung ausgeglichen.

Je mehr dieser positiven Aussagen Sie für eine Person bejahen können, desto eher dürfen Sie daraus schließen, dass es sich um einen Kontakt handelt, in dem man Ihnen Wertschätzung erweist. Dieser Mensch stärkt durch sein Verhalten Ihren Selbstwert. Wenn das der Fall ist, machen Sie ein Pluszeichen neben seine Initialen. Diejenigen, für die keine oder zu wenige dieser Aussagen zutreffen, kennzeichnen Sie mit einem Minus.

Das Soziogramm zeigt Ihnen auf einen Blick, welche privaten Beziehungen Ihren Anforderungen in puncto Wertschätzung genügen und welche ihnen gar nicht oder nur dürftig entsprechen. Die Verbindung zu denjenigen, deren Initialen Sie mit einem Minus versehen haben, sollten Sie sich einmal genau anschauen und überlegen, welche Konsequenzen Sie aus Ihrer Erkenntnis ziehen wollen.

Noch eine Chance geben

Halten wir den Betroffenen erst einmal zugute, dass ihnen möglicherweise gar nicht bewusst ist, wie wenig wertschätzend sie mit uns umgehen. Wenn uns die Freundschaft wichtig ist und wir eine Möglichkeit zur Veränderung sehen, dann sollten wir das kritische Verhalten ansprechen und klar formulieren, was wir uns stattdessen wünschen. Einen Versuch ist es jedenfalls wert. Auf diese Weise müssen wir uns später nicht vorwerfen, wir hätten eine Freundschaft leichtfertig aufgegeben.

Sagen Sie zunächst deutlich, was Sie gekränkt hat und wie Sie sich fühlen. Etwa: »Ich nehme mir immer Zeit für dich, wenn du Probleme hast. Aber wenn ich dich brauche, hast du keine Zeit.« Teilen Sie dann mit, was Sie stattdessen in Zukunft gerne hätten oder was Sie nicht möchten: »Ich wünsche mir, dass du auch mal auf mich eingehst.« Achten Sie dabei auf Ihren Ton und Ihre Stimmlage. Ein scharfer, rechthaberischer, beleidigter, gequälter oder unterwürfiger Ton kommt nicht gut an. Verkneifen Sie sich auch Angriffe und Abwertungen wie »Das ist so egoistisch von dir!«. Verzichten Sie auf Unterstellungen und Verallgemeinerungen: »Dir ist wohl völlig egal, wie es mir geht.« Machen Sie keine Vorwürfe, etwa »Wie kannst du nur so mit anderen Menschen umgehen!«. Damit würden Sie nur Ablehnung provozieren. Erkundigen Sie sich stattdessen, was Sie nach Meinung Ihres Gegenübers zu seinem Verhalten beigetragen haben: »Gibt es etwas an mir, das dich dazu veranlasst hat?« Sinnvoll ist es auch, zu fragen, welche Lösung sich Ihr Freund oder Ihre Freundin vorstellt, damit Sie demnächst besser miteinander auskommen: »Was schlägst du vor, damit unsere Beziehung ausgeglichen ist?« – »Was meinst du, wie können wir das in Zukunft vermeiden?« Günstigenfalls ändert ein offenes Wort die Situation. Mit etwas gutem Willen von beiden Seiten wird die Kränkung aufgelöst und von mangelnder Wertschätzung ist nicht mehr die Rede.

Allerdings ist abwertendes Verhalten meist eng mit der Persönlichkeit verbunden. Wenn die Ursachen dafür tiefer liegen, ist es mit Einsicht und gutem Willen allein nicht getan. Deshalb sollten wir nicht allzu enttäuscht sein, wenn wir nicht die Reaktion erhalten, die wir uns erhofft haben.

Teresa, 49, Lehrerin, hat sich vor zwei Jahren auf einer Fortbildung mit Inga, einer Kollegin, angefreundet. Die beiden teilen die gleichen Interessen, gehen gerne in Konzerte oder sehen sich gemeinsam Ausstellungen an. Teresa, die allein lebt, ist froh, jemanden zu haben, der kulturelle Unternehmungen ebenso liebt wie sie. Allerdings zeigt Inga bald eine unschöne Eigenschaft: Sie kritisiert Teresa ständig. Erzählt Teresa begeistert von einem Roman, den sie gelesen hat, sagt Inga verächtlich: »Das ist doch keine Literatur.« Trägt Teresa ein neues Kleid, bemängelt sie: »Legst du nicht etwas zu viel Wert auf Äußerlichkeiten?« Allmählich fühlt sich Teresa nach jedem Treffen mit Inga unwohl. Schließlich springt sie über ihren Schatten und teilt Inga mit, wie sehr sie die ständige Abwertung verletzt. Statt ihr Verhalten zu überdenken, reagiert Inga aggressiv und wirft Teresa vor, sie sei selbstgefällig und beratungsresistent.

Ergebnisse dieser Art sind frustrierend. Doch trösten wir uns: Selbst wenn die Aussprache am Ende nicht ideal verläuft und wir keine Übereinstimmung erzielen, haben wir etwas erreicht. Wir haben ausgesprochen, was uns nicht passt – und das ist gut für unser Selbstwertgefühl. Außerdem haben wir dann eine realistische Grundlage, um zu entscheiden, ob wir die Freundschaft fortsetzen wollen.

Die Vorteile überwiegen?

Manchmal bleiben wir trotzdem mit diesem Menschen in Kontakt, weil er uns etwas Besonderes bietet.

Paul, 38, Ingenieur, und sein Freund Simon sind zusammen in die Grundschule und später ins Gymnasium gegangen. Sie leben in derselben Stadt und sehen sich regelmäßig beim Sport oder gehen abends mal ein Bier trinken. Simon stand schon immer in heimlicher Konkurrenz zu Paul. Er stellt gerne heraus, was bei Paul im Gegensatz zu ihm alles nicht klappt, sei es in der Partnerschaft oder im Beruf. Paul fühlt sich dadurch oft gekränkt. Aber er sagt: »Simon ist mein ältester Freund. Niemand kennt mich so lange und so gut wie er. Das wirft man nicht einfach weg. Da schlucke ich halt die Kröte, dass er mich immer abwerten muss, damit er besser dasteht.«

Martina, 51, Ärztin, ist mit Ina, einer Schriftstellerin, befreundet. Ina muss immer im Mittelpunkt stehen, sie will glänzen und bewundert werden. Wie es anderen dabei geht, interessiert sie kaum. In der Wahl ihrer Freunde ist sie berechnend und schaut darauf, was sie ihr bieten können. Martina ist klar, dass sie die Beziehung im Blick auf die Mängel eigentlich beenden müsste, aber sie sagt: »Ina ist eine der interessantesten Frauen, die ich kenne. Sie inspiriert mich.«

An einer Freundschaft festzuhalten, obwohl wir nicht genügend geschätzt werden, ist nicht ungefährlich. Für das Vertraute oder Faszinierende zahlen wir einen hohen Preis, die

Währung ist unser Selbstwert. Wir sollten uns deshalb gut überlegen, ob das Positive in der Freundschaft tatsächlich überwiegt.

Sich aus einer unbefriedigenden Freundschaft lösen

Wenn wir erkannt haben, dass eine Freundschaft unfruchtbar oder gar schädlich ist, und nachdem wir bereits vergeblich versucht haben, das Störende zu klären, sollten wir sie beenden. Dass wir uns trotzdem davor drücken, ist meist unserem Harmoniebedürfnis geschuldet. Wir möchten niemanden kränken oder verletzen, indem wir ihn zurückweisen. Doch es muss ja nicht unbedingt mit einem dramatischen Gespräch enden. Alle diejenigen, die sich davor scheuen, dürfen es zunächst sanft mit einer indirekten Methode versuchen:

Halten Sie sich zurück und bestätigen Sie die Freundschaft nicht aus reiner Höflichkeit. Möglicherweise haben Sie sich bisher verpflichtet gefühlt, regelmäßig anzurufen, Sie haben eine Geburtstagskarte oder Grüße aus dem Urlaub geschickt. Verzichten Sie in Zukunft darauf. Möchte sich der Freund oder die Freundin mit Ihnen treffen, finden Sie eine passende Ausrede, etwa zu viel Arbeit, Urlaubsvorbereitungen, Besuch der Schwiegermutter. Das ist zwar nicht besonders fein, schont aber Ihr Gegenüber. Die Engländer sprechen von »White lies«, »weißen Lügen«, und definieren sie als eine Unwahrheit, die man ausspricht, um zu verhindern, dass sich jemand gekränkt fühlt oder verärgert ist. Wenn Sie wissen, dass die Person es sich sehr zu Herzen nehmen würde, sollten Sie ihr klipp und klar die Freundschaft aufkündigen, ist eine Ausrede manchmal die elegantere und rücksichtsvollere Variante. Und wenn Sie der Beziehung keine neue Nahrung geben, schläft sie vielleicht von selbst ein.

Falls dezenter Rückzug nichts nutzt, müssen wir allerdings in den sauren Apfel beißen und Klartext reden. Dabei sollten wir unser Gegenüber genau so behandeln, wie wir selbst es uns von ihm gewünscht hätten, nämlich mit Respekt. Statt einer ausführlichen Aufrechnung sagen wir sachlich, dass wir diesen Kontakt aus gegebenen Gründen nicht mehr weiterführen möchten. Wenn unser Entschluss feststeht, lassen wir uns auf keine Vorwürfe oder Beteuerungen der Gegenseite ein. Wir sagen freundlich, aber bestimmt, dass wir uns dafür entschieden haben, getrennte Wege zu gehen.

Möglicherweise plagen uns hinterher Schuldgefühle. Waren wir vielleicht zu hart? Hätten wir es doch noch mal versuchen sollen? Da müssen wir durch – ohne rückfällig zu werden. Schon bald werden wir merken: Abwertende Freundschaften und Kontakte aufzugeben wirkt im wahrsten Sinne des Wortes erleichternd. Plötzlich haben wir viel mehr Zeit und Energie. Die frei gewordene Kapazität können wir dann für unsere Plus-Freundschaften einsetzen.

Wertschätzung bekommen

Nachdem wir uns von Abwertungen in wichtigen Bereichen unseres Lebens befreit haben, können wir uns damit befassen, wie wir die Wertschätzung der Menschen, mit denen wir beruflich oder privat zu tun haben, am sichersten erreichen. Zwar können wir ihre positive Einstellung uns gegenüber nicht erzwingen, wohl aber durch unsere Leistung oder unser Verhalten die besten Bedingungen dafür schaffen.

Das Paradoxe ist allerdings, dass wir währenddessen nicht darauf spekulieren dürfen. Auf Wertschätzung zu schielen würde die Wirkung schmälern. Uns muss es vor allem um die jeweilige Aufgabe gehen, nicht um den Effekt auf unsere Umgebung. Man spricht auch von intrinsischer und extrinsischer Motivation. Bei Ersterer kommt der Impuls, etwas zu tun oder sich auf eine bestimmte Weise zu verhalten, von innen. Der Mensch handelt aus eigenem Antrieb, weil ihm etwas am Herzen liegt oder für ihn Bedeutung hat. Bei der extrinsischen Variante wird er dazu von äußeren Gründen angeregt, etwa durch Lob oder Geld. Wenn wir nur Bestleistung bringen oder uns vorbildlich verhalten, um andere damit zu beeindrucken, ist das spürbar. Wir strahlen dann eine Bedürftigkeit aus: Bitte registriert, wie großartig ich bin. Wir sollten nie die intuitive Wahrnehmung unserer Mitmenschen unterschätzen. Bewusst oder unbewusst erfassen sie unser wahres Motiv und reagieren ähnlich wie auf ein »Fishing for compliments«. Im günstigen Fall fühlen sie sich zu einer positiven Reaktion gedrängt, im ungünstigen verweigern sie es uns, nach dem Motto »Man spürt die Absicht und ist verstimmt«. Wertschätzung erreichen wir so jedenfalls nicht. Sie ist immer die Reaktion auf ein echtes Engagement, nicht auf ein manipulatives Verhalten. Was wir erschaffen oder wie wir handeln, muss zeigen, wer wir wirklich sind.

Nicht auf Wertschätzung zu spekulieren heißt jedoch keineswegs, dass wir nichts dafür tun können. Nur ist die Perspektive eine andere: Wir befassen uns in erster Linie mit uns selbst und bemühen uns, unseren eigenen hohen Maßstäben zu genügen. Je mehr wir uns entwickeln, desto besser wird das, was wir hervorbringen. Wenn wir ausdauernd sind, erreichen wir schließlich die Meisterschaft auf unserem ureigenen Gebiet. Die Menschen, die das Ergebnis sehen, spüren das. Es erzeugt eine besondere Ausstrahlung. Dann geschieht es meist ganz von selbst: Wir bekommen Wertschätzung – freiwillig!

Sein Bestes geben

Ich glaube fest daran, dass wir früher oder später Wertschätzung erlangen, wenn wir kontinuierlich unser Bestes geben. Obwohl es oft scheint, als zahle sich das nicht wirklich aus. Manche Menschen haben Erfolg, ohne dass ihr Einsatz ihn rechtfertigt. Da ist etwa der Kollege, der sich immer um die schwierigen Aufgaben drückt, aber gut mit dem Chef kann und deshalb befördert wird. Oder die Freundin, die es mit Schaumschlägerei regelmäßig schafft, das Lob einzukassieren, das eigentlich anderen gebührt. Offenbar geht es auch mit weniger Anstrengung. Aber wie schon das Sprichwort sagt: Man soll den Tag nicht vor dem Abend loben. Fast immer ist der Erfolg derjenigen, die sich halbherzig bemühen, nur kurzfristig. Er hat keine solide Basis und hält Herausforderungen nicht stand. Zu Wertschätzung führt er schon gar nicht. Dazu sind zu viele Menschen in nächster Nähe, die sich nicht täuschen lassen. Was unsere Tätigkeit betrifft, gibt es keine Wertschätzung ohne eine gute Leistung.

Freude ist der Weg zur Bestleistung

Kontinuierlich sein Bestes zu geben, hängt nicht allein von unserer Willenskraft ab. Die günstigste Voraussetzung für ein beständig gutes Leistungsniveau ist Freude an der Sache. Das hört sich zunächst vielleicht weltfremd an, denn wer kann schon seine Aufgaben immer frei nach Gusto wählen oder einen Egotrip nach dem Motto »Lebe deinen Traum« unternehmen? Meist engagieren wir uns nicht aus reiner Leidenschaft. Wir müssen unsere Brötchen verdienen und unsere Pflichten erfüllen. Die Gründe, aus denen wir uns einbringen, sind rational und durchaus verständlich. Gewiss machen wir unsere Sache dann auch recht ordentlich. Doch für besonders gute Leistung ist der Aspekt der Freude wichtig: Sie ist die größte Motivation, sie gibt Energie. Niemand muss uns zwingen, die notwendigen Informationen zu sammeln, zu lernen, uns zu verbessern. Wir machen es freiwillig und mit Ausdauer. Dadurch erhöht sich unsere Chance, die bestmögliche Leistung zu erbringen. Ich habe diese Erfahrung selbst gemacht: Als Psychologin schrieb ich mein erstes Buch über Ausstrahlung aus purer Freude. Ich war von dem Thema so fasziniert, dass ich oft morgens um fünf Uhr aufstand, um meine Recherche fortzusetzen. Obwohl ich es gar nicht erwartete, wurde das Buch ein Bestseller. Jeder von uns hat angeborene Stärken. Freude ist ein Indikator dafür, dass wir Fähigkeiten in diesem speziellen Bereich besitzen. Hier lohnt sich der Einsatz besonders.

Freude bedeutet jedoch nicht, dass wir währenddessen immer in Hochstimmung sind. Tatsächlich sind wir manchmal ziemlich frustriert. Ich bezeichne das als »Flaschenhalssyndrom«. Der Engpass ist jedoch kein Beweis für unsere Unfähigkeit, er ist eine Bedingung, ohne die es keine Entwicklung gibt. Freude, die sich auch als starkes Interesse an der Aufgabe zeigt, hilft die Schwierigkeiten zu überwinden. Daher sollten wir unsere Tätigkeiten so weit wie möglich nach unserer Freude, Liebe und Begeisterung wählen. Freude ist die Sprache unserer Seele, die uns sagt, ob wir die beste Wahl für unseren Einsatz getroffen haben. Das beweisen viele erfolgreiche Menschen, die sich von ihrer Freude leiten lassen. Sie wollen etwas erreichen, verbessern oder verändern. Wertschätzung war und ist das Ergebnis, nicht die Absicht ihrer Bemühungen. Dabei müssen wir nicht einmal an Lichtgestalten wie Mutter Teresa, Martin Luther King oder Mahatma Gandhi denken. Schauen wir uns doch einfach in unserer Umgebung um. Dann sehen wir die Erzieherin, die sich intensiv um die Kinder in der Kita kümmert. Den Bäcker, der sein Handwerk liebt und deshalb keine vorgefertigten Teiglinge in den Ofen schiebt. Die Übersetzerin, die Stunden damit verbringt, die Sätze eines fremdsprachigen Schriftstellers kongenial zu übertragen. Den jungen Mann, der sich für sauberes Wasser in Afrika einsetzt.

Der Tätigkeit Freude abgewinnen

Wenn wir gezwungen sind – oder es zumindest glauben –, Aufgaben zu erledigen, die uns keine Freude bereiten, können wir die Zähne zusammenbeißen und uns sagen: Da muss ich halt durch. Doch vergessen wir nicht, dass unser Leben kostbar ist und wir es nicht mit ungeliebten Tätigkeiten vergeuden dürfen. Falls sich wirklich gar nichts ändern lässt, sollten wir zumindest einen positiven Aspekt suchen, der uns Freude macht. Man bezeichnet das auch als »Reframing«, wörtlich »Neue Rahmung«: Durch einen Wechsel der Sichtweise wird eine ungeliebte Aufgabe in eine angenehme verwandelt. Angenommen, Sie müssen für Ihre Firma ins Ausland gehen und sind deshalb verpflichtet, eine schwierige Sprache zu lernen. Eigentlich haben Sie dazu wenig Lust. Wenn Sie eine kommunikative Person sind, können Sie das als willkommene Möglichkeit sehen, sich demnächst locker mit Einheimischen zu unterhalten. Sie konzentrieren sich auf Sätze, die für ein Gespräch nützlich sind, anstatt sich hauptsächlich mit der langweiligen Grammatik zu quälen.

Hilfreich ist auch, das Endergebnis der Tätigkeit zu visualisieren. Stellen Sie sich in leuchtenden Farben vor, was Sie gewinnen, wenn Sie Ihre Aufgabe erfüllen. Sehen Sie vor Ihrem inneren Auge, wie die Menschen kommen, um Ihnen zu gratulieren, dass Sie es geschafft haben. Bleiben Sie dabei, bis Sie die Freude spüren. Aktivieren Sie dieses Gefühl während der Arbeit so oft wie möglich.

Wenn sich keine Freude einstellt

Wenn wir selbst mit effektiven psychologischen Techniken keine Freude erzeugen können, sollten wir der Tatsache ins Gesicht sehen, dass wir uns definitiv die falsche Aufgabe gesucht haben. Dafür gibt es deutliche Anzeichen: Es ist schwer für uns, morgens aufzustehen. Wir verbringen die Zeit lustlos. Wir machen Fehler. Wir können uns nicht mehr entspannen. Wir haben ständig kleine Beschwerden, leiden unter Kopfschmerzen oder Rückenschmerzen. Die Frage stellt sich: Soll das wirklich lange so weitergehen? Wenn wir ehrlich sind, müssen wir zugeben: die falsche Aufgabe, das falsche Ziel. Wenn wir jetzt nichts ändern, wird es gefährlich, denn unsere Seele und unser Körper werden eingreifen, wenn nötig mit Gewalt, um uns auf den richtigen Weg zu führen. Eine Veränderung ist nicht einfach und ich möchte die Schwierigkeiten nicht kleinreden. Es erfordert persönliche Opfer, aber es lohnt sich auf jeden Fall. Das habe ich selbst erfahren, als ich mich von einem sicheren und gut bezahlten, aber ungeliebten Job als Lehrerin verabschiedete und meinem tiefen Wunsch gefolgt bin, Psychologie zu studieren. Die Zeit war hart, ich musste jeden Job annehmen, um mein Studium zu finanzieren. Und weil Mathematik nicht gerade meine Stärke ist, war es schwer für mich, mit statistischen Formeln zu arbeiten. Aber die Freude an meiner Beschäftigung mit Psychologie war groß genug und dauert bis heute an.

Wir sollten niemals eine Situation ertragen, in der wir keine Chance haben, unsere Fähigkeiten einzubringen. Wir können den Mut zur entscheidenden Veränderung finden, indem wir uns nicht als Opfer der Umstände sehen, sondern als Schöpfer unseres Lebens. Wenn wir unsere Arbeit so gestalten wollen, dass wir Freude daran haben, müssen wir uns mit einigen existenziellen Fragen auseinandersetzen: Warum bin ich auf der Welt? Was kann ich anderen geben? Warum ist es wichtig für mich, besser zu werden? Was ist der tiefere Sinn meiner Tätigkeit? Freude zeigt uns, dass wir die richtige Antwort gefunden haben.

Disziplin und Fleiß

Freude an der Tätigkeit – auch in Form von Interesse, Neugier, Sinn, Begeisterung – ist ein Turbo für Bestleistung. Aber es geht auch nicht ohne einige »preußische Tugenden«. Sonst kann es dazu kommen, dass wir zwar eine Weile Feuer und Flamme für das sind, was wir tun, dann aber die Geduld verlieren. Disziplin und Fleiß sind nötig, um die Freude an der Sache in eine dauerhaft gute Leistung zu verwandeln. Wertschätzung gibt es nämlich nicht für Sprints, sondern für Langstreckenläufe. Besonders wenn wir an den »Flaschenhals« kommen und sogar die geliebte Tätigkeit vorübergehend schwierig wird, müssen wir Disziplin und Fleiß aktivieren.

Gerne fünf gerade sein lassen ist menschlich. Merkt doch keiner, dass wir nicht alles geben. Das ist leider ein Irrtum. Es gilt nämlich das »Frau-Holle-Prinzip«. Sie erinnern sich gewiss an das Märchen der Brüder Grimm: Zwei Stiefschwestern treten nacheinander in den Dienst der Frau Holle, bei der sie unter anderem ordentlich die Betten schütteln müssen, damit es auf der Erde schneit. Die eine ist fleißig und bemüht, ihr Bestes zu geben. Zum Dank überschüttet Frau Holle sie am Ende mit purem Gold. In der Hoffnung auf ähnlichen Goldregen meldet sich auch die andere zum Bettenschütteln. Faul tut sie gerade mal das Allernötigste. Statt des erwarteten Lohnes kippt ihr die verärgerte Frau Holle Pech über den Kopf. Wie wir wissen, sind in Märchen Wahrheiten verborgen. In diesem lautet sie: Ohne Einsatz wird man keine weibliche oder männliche »Goldmarie«. Wir wissen sehr wohl, ob wir wirklich alles Mögliche getan haben oder ob wir es uns aus Bequemlichkeit zu einfach gemacht haben. Wir besitzen einen inneren Seismografen, der uns das genau anzeigt: Zufriedenheit mit dem Ergebnis und Stolz auf unsere Leistung. Das überträgt sich dann meist auch auf die anderen.

Die Robotermethode

Wenn wir auf die richtige Stimmung warten, um unsere Aufgabe anzupacken, werden wir kaum weiterkommen. Das Geheimnis der Disziplin besteht darin, dass wir diejenigen Gedanken, die in uns Unlust auslösen, einfach ausschalten. Etwa solche: »Irgendwie bin ich heute nicht in Form«, »Ich würde jetzt viel lieber in der Sonne sitzen und ein Eis essen«, »Ich könnte ja auch erst einmal die Hemden bügeln«. Und nun kommt der Trick: Wir ignorieren das gesamte Vorspiel von negativen Überlegungen und Gefühlen und setzen direkt mit der Handlung ein. Das gelingt uns, indem wir uns mechanisch wie ein Roboter verhalten. Typisch für Roboter ist, dass sie einprogrammierte Befehle ohne Wenn und Aber ausführen. Sie haben keine Möglichkeit, sich Gedanken zu machen und Unlustgefühle zu entwickeln. Schaltet man sie an, marschieren sie los. Genau das zeichnet die »Robotermethode« aus. Wir schreiben zunächst präzise auf, welche Arbeit ansteht, und legen fest, wann wir sie erledigen wollen, mit Datum und Uhrzeit. Dann handeln wir zu der festgelegten Zeit automatisch, egal wie wir uns fühlen oder was wir darüber denken. Wie ein Roboter setzen wir uns an unseren Schreibtisch und schalten den Computer an. Oder nehmen uns die Telefonliste mit den Kundenkontakten vor und arbeiten sie ab. Oder packen unsere Tasche und gehen in die Bibliothek. Die Robotermethode funktioniert auch für kreative

Tätigkeiten. Fälschlicherweise glaubt man in dem Bereich, man müsse auf den Kuss der Muse warten, bevor man loslegen kann. Aber die Muse denkt gar nicht daran, zu jemandem zu kommen, der nicht auf sie vorbereitet ist. Sie erwartet, dass man im Atelier mit dem Pinsel vor der Leinwand steht oder am Klavier vor dem Notenpapier sitzt, bevor sie ihre guten Ideen verschenkt.

Indem wir die Robotermethode regelmäßig für unsere Tätigkeit anwenden, werden wir nicht nur zu einem disziplinierten, sondern auch zu einem fleißigen Menschen. Was wir kontinuierlich tun, wird zur Gewohnheit. Wenn wir einige Zeit – als Erfahrungswert gelten etwa 30 Tage – unsere Disziplin durchhalten, bedeutet sie für uns keine Anstrengung mehr. Ähnlich wie wir es vom Autofahren kennen. Zu Anfang müssen wir uns jeden einzelnen Vorgang bewusst machen, doch nachdem wir uns immer wieder ans Steuer gesetzt haben, geht es wie von selbst. So funktioniert es auch hier. Wir müssen keine mentale Hürde mehr überwinden, um an die Arbeit zu gehen. Unser Unterbewusstsein übernimmt die Kontrolle und sorgt dafür, dass wir unser Soll erfüllen.

Die Schattenseite: Perfektionismus

So wichtig es auch ist, dass wir unser Bestes geben – es hat auch eine Schattenseite: Perfektionismus. Im Prinzip spricht natürlich nichts dagegen, dass wir unsere Aufgaben hundertprozentig erledigen, im Gegenteil. Ob es sich dabei um Perfektionismus handelt, ist keine Frage unseres Engagements, sondern welcher Antrieb zugrunde liegt. Das Motiv hinter Perfektionismus ist immer Angst: zu versagen, Kritik zu ernten, Ablehnung zu erfahren, sich zu blamieren, nicht gut genug zu sein, andere zu enttäuschen. Ob es sich im jeweiligen Fall tatsächlich um Perfektionismus handelt, lässt sich deshalb an unserem Gefühl und den damit verbundenen körperlichen Reaktionen feststellen. Wann immer wir mit Blick auf unsere Leistung in Stress geraten oder uns verkrampfen, können wir sicher sein, dass wir gerade ängstlich alles richtig machen wollen. Dabei werden unsere unangenehmen Gefühle und körperlichen Reaktionen durch bestimmte Gedanken ausgelöst oder verstärkt: »Was werden die von mir halten?« – »Wenn ich das nicht tue, nehmen sie es mir übel.« – »Sie glauben sonst, ich bin faul.«

Ein weiteres Anzeichen für Perfektionismus ist Lustlosigkeit. Wir tun etwas nur, um in unseren eigenen Augen und denen der anderen vollkommen zu erscheinen, aber eigentlich finden wir es anstrengend, es ist uns lästig oder gleichgültig. Mit einer ehrlichen Frage können wir uns selbst auf die Schliche kommen: Ist es mir wirklich selbst ein Bedürfnis, diese Aufgabe hundertprozentig zu erledigen? Die Antwort zeigt uns schnell, ob Perfektionismus oder persönliches Engagement dahintersteckt.

Um uns vom Perfektionismus zu befreien, müssen wir ihn zunächst als solchen erkennen. Im nächsten Schritt geht es darum, den eigenen Anspruch mental herunterzufahren. Bewährt haben sich dazu Sätze wie: »Gut ist gut genug« oder »Nobody is perfect«. Allerdings ist es nicht so einfach, eine perfektionistische Haltung abzulegen. Zweifel überfallen uns, ob weniger zu tun wirklich der richtige Weg ist. Ob wir damit nicht unsere Karriere behindern, unserem Ansehen oder unserer Beliebtheit schaden. Da hilft nur eins: stark bleiben. Wer die schwierige Anfangsphase übersteht, erfährt höchstwahrscheinlich, dass die Welt nicht untergeht, wenn er nicht immer und überall hundertprozentig funktioniert. Aus diesem Grund gibt man in der Verhaltenstherapie Menschen, die unter starkem Perfektionismus leiden, den Auftrag, bewusst kleine Fehler zu machen, etwa in einer Mail Wörter falsch zu schreiben oder mit zwei unterschiedlich farbigen Socken ins Büro zu gehen. Wir müssen eben erst am eigenen Leibe erleben, dass wir Wertschätzung erfahren können, obwohl wir nicht perfekt sind.

Vorsichtshalber rückversichern

Wenn wir unser Bestes gegeben haben, empfinden wir eine innere Sicherheit, die nicht so schnell zu erschüttern ist. Das bedeutet allerdings nicht, dass es nichts mehr zu verbessern gäbe. Es besteht immerhin die Möglichkeit, dass wir zwar alle Anstrengungen unternommen haben, das Ergebnis aber trotzdem nicht den Anforderungen entspricht. Der Schriftsteller Eugen Roth hat das in einem Gedicht humorvoll beschrieben:

> Ein Mensch malt, vor Begeisterung wild,
> Drei Jahre lang an einem Bild.
> Dann legt er stolz den Pinsel hin
> Und sagt: »Da steckt viel Arbeit drin.«
> Doch damit war es leider aus:
> Die Arbeit kam nicht mehr heraus.

Wie schon bei der Anerkennung ist es auch hinsichtlich der Wertschätzung wichtig, auf die Resonanz der Umgebung zu achten. Sie spiegelt uns wider, ob unsere Bestleistung auch tatsächlich als eine solche eingestuft wird. In den meisten Fällen müssen wir uns darüber keine Sorgen machen. Wer sich wirklich anstrengt, immer bereit ist, zu lernen und seine Fähigkeiten zu entfalten, erntet meistens auch die Früchte in Form von Qualität. Aber wir können uns manchmal selbst täuschen. Dann berechtigte Kritik anzunehmen, ist sinnvoll, schließlich lässt sich unser Ergebnis auf diese Weise optimieren. Statt gekränkt zu sein, hören wir lieber erst einmal zu und überprüfen rational, ob an dem Einwand etwas dran ist. Ungerechtfertigte Mäkeleien dagegen müssen uns nicht berühren. Dabei handelt es sich um eine subjektive Meinung, auf die zwar jeder ein Recht hat, die wir aber getrost ignorieren dürfen.

Wertschätzung berührt das Herz

Auf dem Weg zur Wertschätzung ist es also unser Part, unser Bestmögliches zu tun. Nicht nur einmal, sondern immer wieder. Und nicht aus Angst vor Kritik oder weil wir dafür Zuwendung möchten, sondern weil es uns ein Bedürfnis ist. Wir geben etwas von uns, damit andere Menschen zufrieden sind, es genießen oder nutzen, damit es ihnen vielleicht hilft, sie heilt oder glücklich macht. Wertschätzung von ihrer Seite bedeutet, dass unsere Leistung gesehen wird. Das tut unglaublich gut.

Vor einiger Zeit schickte ich mein fertiges Manuskript an den Verlag, der es als Buch herausbringen wollte. Monatelang hatte ich daran gearbeitet, meine ganze Energie hineingesteckt und jedes Kapitel mehrfach überarbeitet. Ich hatte mein Bestes gegeben. Meine Erwartung war, dass der Lektor mir als Erstes mitteilen würde, wo er Mängel sah und was er sich anders vorstellte. Stattdessen bekam ich eine so wertschätzende Mail, dass mir die Tränen in die Augen traten. Ich war zutiefst gerührt, dass meine Anstrengung gewürdigt wurde.

Wertschätzung für eine Leistung ist ein besonderer Lohn. Wir können sie nicht einfordern. Aber wenn wir uns von ganzem Herzen einsetzen, wird sie uns geschenkt.

Sich bestmöglich verhalten

Nicht nur gute Leistung bringt uns Wertschätzung ein, auch mit unserem Verhalten können wir sie gewinnen. Man spricht dann oft von einem »anständigen Charakter« oder einer »authentischen Persönlichkeit«. Dabei handelt es sich nicht um beliebige Eigenschaften und Verhaltensweisen. Wirkungsvoll sind vor allem diejenigen, die ein angenehmes Zusammenleben und -arbeiten garantieren. In diesem Sinne lässt sich ein Verhaltenskanon zusammenstellen, der besonders geeignet ist, Wertschätzung zu erzielen. Dazu zählen Zuverlässigkeit, Freundlichkeit, Ehrlichkeit, Empathie, Fairness, gutes Benehmen, Loyalität und Authentizität.

Sicher sind wir alle keine »Tugendpinsel«, wie es der Designer Karl Lagerfeld ausdrückt, die sämtliche guten Eigenschaften perfekt verkörpern. Das wäre auch ziemlich unmenschlich. Aber es lohnt sich zu wissen, auf welche Verhaltensweisen wir unser Augenmerk richten müssen, damit man uns wertschätzt. Dann können wir an uns arbeiten und sie wenigstens teilweise umsetzen. Dadurch erfahren wir nicht nur Wertschätzung, sondern haben auch das gute Gefühl, das Richtige zu tun.

Zuverlässigkeit

Zuverlässig zu sein ist ein Grundpfeiler unseres Umgangs mit anderen Menschen. Stellen wir uns nur einmal eine Welt ohne Zuverlässigkeit vor: Bahn und Bus fahren nach dem Mañana-Prinzip, die Müllabfuhr kommt beliebig. Meetings werden abgesagt, ohne dass man Bescheid gibt. In letzter Minute erfahren wir per SMS, dass unsere Freundin nun doch nicht mit uns in den Urlaub fliegt. Eltern vergessen, ihr Kind von der Kita abzuholen. Es wäre das pure Chaos. Wir brauchen Verlässlichkeit. Die sieht je nach Situation unterschiedlich aus.

Im Alltag erleben wir sie meist in Form von Pünktlichkeit, der »Höflichkeit der Könige«. Jemanden ohne triftigen Grund und entsprechende Entschuldigung warten zu lassen, ist Missachtung und wird auch so empfunden.

Wichtig ist außerdem, seinen Versprechen auch nachzukommen. In unserer Familie waren Versprechen heilig und mussten eingehalten werden. Von daher überlegte ich mir immer gut, was ich auf die Frage meiner Eltern »Versprichst du mir das?« antwortete. Diese Erziehung steckt tief in mir drin. Bis heute setze ich Himmel und Hölle in Bewegung, wenn ich etwas versprochen habe. Versprechen sollten einem nicht leichtfertig über die Lippen kommen, sonst verliert man seine Glaubwürdigkeit.

Eine Variante des Versprechens ist die Zusage. Hält man nicht ein, wozu man sich verpflichtet hat, ist die Wertschätzung bald verloren. Es spricht sich herum, wenn ein Handwerker nicht erscheint, weil er anderswo einen lukrativeren Auftrag bekommen hat. Wenn das Restaurant, in dem wir für ein wichtiges Geschäftsessen einen Tisch bestellt haben, die Reservierung verschlampt. Wenn das Kleid für ein Fest nicht rechtzeitig fertig wird, obwohl die Schneiderin es zugesagt hat.

Pünktlich zu sein, Versprechen einzuhalten und Beständigkeit zu bieten sind die Elemente der Zuverlässigkeit. Ist es uns unmöglich, uns entsprechend zu verhalten, dann gehört ebenfalls dazu, die Betroffenen rechtzeitig zu informieren und einen triftigen Grund zu nennen.

Freundlichkeit

Freundlichkeit wirkt sich positiv auf alle Menschen aus, die mit uns zu tun haben. Sie öffnet die Herzen, stimmt wohlwollend und macht geneigt. Freundlich zu sein heißt jedoch nicht, dass wir ständig ein Lächeln auf den Lippen tragen, immer sanft reagieren und niemandem einen Wunsch abschlagen. Es bedeutet auch nicht, dass wir unsere eigenen Interessen verleugnen und uns alles bieten lassen. Echte Freundlichkeit ist eine grundsätzliche Haltung gegenüber Mitmenschen, die auf Respekt beruht. Ob Freundlichkeit tatsächlich dieser Einstellung entspringt, lässt sich von außen schwer beurteilen. Doch für uns selbst können wir das leicht klären. Dazu müssen wir uns nur die Frage beantworten: Was ist mein Motiv? Viele Menschen sind nur deshalb immer nett und freundlich, weil sie Angst vor Ablehnung haben. Sie wollen geliebt oder geschätzt werden und glauben, mit Selbstaufgabe könnten sie das erreichen. Also lächeln sie tapfer, auch wenn man sie verletzt. Sie stimmen höflich zu, obwohl sie eigentlich anderer Meinung sind. Sie machen Geschenke, um sich Wohlwollen zu erkaufen. Sie stellen die eigenen Bedürfnisse hinter die der anderen zurück. Wirklich freundliche Menschen dagegen berücksichtigen gleichberechtigt den zweiten Teil des Gebotes »Liebe deinen Nächsten – wie dich selbst«. Sie vertreten klar und deutlich ihre eigenen Interessen und sind auch in der Lage, Grenzen zu setzen. Nur tun sie das niemals mit ausgefahrenen Ellenbogen und kränkendem Verhalten. Es geht nicht darum, zum Smiley zu mutieren, sondern echte Freundlichkeit zu entwickeln, die auf grundsätzlicher Wertschätzung beruht. Um das zu erreichen, müssen wir uns um eine respektvolle Einstellung bemühen. Sie sollte nicht nur für diejenigen gelten, mit denen wir häufig zu tun haben, wie Kollegen, Partner oder Nachbarn. Ebenso selbstverständlich sollte es uns sein, auch Personen freundlich zu begegnen, die wir nicht kennen, etwa dem Fahrgast im Bus oder der Frau an der Kinokasse. Sehen wir es als Training. Wie im Sport muss der Freundlichkeitsmuskel täglich benutzt werden, damit er wächst und das Verhalten zur Routine wird. Nach dem Pfadfinder-Motto »Jeden Tag eine gute Tat« können wir zum Beispiel eine gute Adresse weitergeben, jemandem den Weg zeigen, einem Behinderten über die Straße helfen, einem griesgrämigen Menschen ein Lächeln schenken. Die positive Energie, die wir auf diese Weise verbreiten, wirkt sich in jedem Fall aus. Nach dem Gesetz der Resonanz kommt sie früher oder später als Wertschätzung zurück.

Ehrlichkeit

Dass wir keine Spesenabrechnung frisieren, nicht shoppen gehen, wenn wir angeblich Kundenbesuche machen, keine Falschmeldungen im Internet verbreiten, kein Material aus dem Büro entwenden und nicht heimlich fremdgehen – so etwas ist Standard für ehrliche Menschen. Doch zur Ehrlichkeit gehört noch mehr als nicht zu lügen, zu stehlen und zu betrügen, nämlich Aufrichtigkeit und Offenheit. Allerdings muss Ehrlichkeit unter diesen Aspekten mit Klugheit eingesetzt werden, sonst schadet sie uns oder verletzt die Menschen, mit denen wir zu tun haben. Ehrlichkeit bedeutet nicht, sich völlig ungeschützt zu zeigen oder zu äußern. Vielmehr empfiehlt sich ein Verhalten, das die Psychologie als »selektive Offenheit« bezeichnet. Das bedeutet, dass man den Grad und die Form der Ehrlichkeit sorgfältig auswählt. Je näher und vertrauter uns ein Mensch ist, desto ehrlicher und ungeschminkter dürfen wir uns äußern. Je fremder er uns ist, desto zurückhaltender sollten wir sein. Das gilt auch, falls wir einander in einer gesellschaftlichen Rolle begegnen.

Es ist falsch verstandene Ehrlichkeit, wenn wir unsere Schwachpunkte offenlegen und etwa jedem auf die Nase binden, dass wir nicht mit Geld umgehen können oder immer auf den letzten Drücker arbeiten. Wie sehr zu große Offenheit die Wertschätzung mindert, konnte vor einiger Zeit ganz Deutschland an einem Kanzlerkandidaten beobachten, der zwar mit Journalisten ehrlich über seine persönlichen Probleme im Wahlkampf sprach, dabei aber seine Position außer Acht ließ. Er war eben nicht der nette Nachbar von nebenan, sondern ein Politiker, von dem man Führungsqualitäten erwartet.

Ebenso wenig dürfen wir andere Menschen unter dem Deckmantel der Ehrlichkeit verletzen. Wenn denn die Wahrheit heraus muss, dann bitte so, wie es der Schriftsteller Max Frisch rät: »Man sollte die Wahrheit dem anderen wie einen Mantel hinhalten, dass er hineinschlüpfen kann – nicht wie ein nasses Tuch um den Kopf schlagen.«

Am besten fahren wir mit der Einstellung »Wo keine Frage ist, ist auch keine Antwort«. Das will besagen: Wenn man uns nicht explizit danach fragt, müssen wir die Karten nicht freiwillig auf den Tisch legen, nicht im Hinblick auf uns selbst und auch nicht, was unsere Meinung über andere betrifft. Doch wenn es darauf ankommt, dann sagen wir ehrlich und selbstbewusst, wie die Dinge stehen. Generell ist wichtig, dass wir weder heucheln noch uns verstellen und dass andere immer wissen, woran sie mit uns sind.

Empathie

Unter Empathie versteht man die Fähigkeit und Bereitschaft, sich in einen anderen Menschen einzufühlen. Die Möglichkeit dazu besitzen wir alle schon von Geburt an. Unsere Spiegelneuronen sorgen dafür, dass wir die Gefühle unseres Gegenübers identifizieren, indem wir sie am eigenen Leibe spüren. Über Mimik, Tonlage und Körpersprache nehmen wir etwa auf, ob jemand verzweifelt oder traurig ist. Dann ist entscheidend, dass wir passend darauf reagieren. Ein gutes Beispiel dafür ist Bill Clinton, dem großes Einfühlungsvermögen bescheinigt wird. 2005 besuchte der ehemalige Präsident der USA die vom Hurrikan Katrina heimgesuchten Gebiete. Dabei traf er auch auf eine Frau, die ihm weinend berichtete, dass ihre Familie durch das Unglück ihr Zuhause verloren hätte. Clinton hatte ebenfalls Tränen in den Augen, als er sie tröstete: »Es tut mir leid, so schrecklich leid. Halten Sie durch.« Man vergleiche das einmal mit der Reaktion von Donald Trump, nachdem ein Hurrikan die Insel Puerto Rico verwüstet hatte und Hunderttausende noch Wochen später ohne Wasser und Strom waren. Trotz eines mangelhaften Krisenmanagements lobte er sich selbst und legte noch nach: Die Einwohner sollten froh darüber sein, dass es nur so wenige Todesopfer gegeben habe, verglichen mit dem Hurrikan Katrina, bei dem es sich um eine echte Katastrophe gehandelt habe.

Wer sein Einfühlungsvermögen steigern möchte, braucht sich eigentlich nur eine einzige Frage zu stellen: Was würde ich mir an dieser Stelle wünschen? Dann ist schnell klar, dass ein markiger Durchhaltespruch, ein oberflächliches »Kopf hoch, das wird schon wieder« nicht besonders hilfreich sind. Der nächste Schritt besteht dann darin, die von unserem Gegenüber in uns ausgelösten Emotionen auszudrücken. In diesem Punkt haben wir oft Hemmungen. Wir denken, es wäre dem anderen unangenehm oder würde seine Misere noch verstärken, wenn wir unsere Betroffenheit deutlich zeigen, vielleicht sogar mit ihm weinen. Oder unserem Impuls folgen und ihn in die Arme nehmen, obwohl wir nicht so vertraut miteinander sind. Doch auch zurückhaltende Menschen sollten über ihren Schatten springen und mit Worten und Gesten Mitgefühl bekunden.

Natürlich ist Empathie nicht nur für traurige Ereignisse reserviert, obwohl sie da als besonders wohltuend empfunden wird. Sie ist ebenso gefragt, wenn sich unser Gegenüber freut oder von etwas begeistert ist. Dann kommt es gut an, seine Emotion aufzunehmen und zu bestätigen. Geteilte Freude ist für den anderen doppelte Freude.

Fairness

Der englische Begriff »Fairness« bezieht sich ursprünglich auf Sport und Spiel. Er besagt, dass man sich an die Regeln hält. Damit ist Tricksen und Täuschen ausgeschlossen. Wenn ein Leistungssportler sich durch Doping einen Vorteil gegenüber seinen Konkurrenten verschafft, wird er disqualifiziert. Im Fußball wird ein Foul sofort vom Schiedsrichter bestraft. Allgemein bedeutet Fairness, dass für alle Beteiligten dieselben Bedingungen gelten. Ein Gespür für diese Art von Gerechtigkeit tragen wir bereits genetisch in uns, ja, man findet es sogar bei unseren tierischen Vorfahren. Der Verhaltensforscher Frans de Waal konnte das bei Primaten nachweisen: Eine Mitarbeiterin belohnte einen Affen mit Gurkenscheiben, wenn er ihr im Tausch dafür Steinchen reichte. Der Deal funktionierte so lange, bis der Affe merkte, dass ein Artgenosse im Nachbarkäfig für dieselbe Aufgabe süße Trauben anstelle von simplen Gurkenscheiben bekam. Prompt zeigte er eine aufgeregte Reaktion.

Wenn wir im Privatleben fair sein wollen, dann reiben wir etwa unserem Partner oder unserer Partnerin nicht immer wieder alte Verfehlungen unter die Nase, sondern nehmen seine/ihre gegenwärtigen Bemühungen wahr. Wir ziehen keines unserer Kinder vor, sondern behandeln alle gleich. Wir übervorteilen keine ahnungslosen Käufer, wenn wir unser Auto oder unsere Wohnung loswerden wollen. Im Job überlassen wir nicht anderen die meiste Arbeit. Wir verschaffen uns keine Vorteile, indem wir Informationen für uns behalten. Als Führungskraft sorgen wir für ein angemessenes Gehalt unserer MitarbeiterInnen.

Fairness in allen Bereichen lässt sich so auf den Punkt bringen: Was du willst, das man dir tut, das füge auch den anderen zu. Wir dürfen sicher sein, dass sie es sehr wohl bemerken und zu schätzen wissen.

Gutes Benehmen

Es ist schon erstaunlich, mit welcher Chuzpe sich Leute an der Kinokasse vordrängeln, lauthals in der Öffentlichkeit telefonieren, sich gierig aufs Buffet stürzen oder sich in der Ausstellung so breit vor einem Bild postieren, dass keiner mehr etwas sehen kann. Unerzogen – und unklug dazu: Wer sich schlecht benimmt, hat auch in puncto Wertschätzung schlechte Karten. Umgangsformen sind nämlich wieder gefragt, im Beruf ebenso wie privat. Zu grüßen, jemandem die Türe aufzuhalten, dem anderen den Vortritt zu lassen oder in den Mantel zu helfen, Rücksicht zu nehmen – das sind die Basics. Natürlich ist es auch nicht verkehrt, zu wissen, wer wem vorgestellt wird oder in welcher Reihenfolge das Besteck benutzt wird. Doch das zu lernen dürfte kein Problem sein. In Buchhandlungen füllen Benimmbibeln ganze Regalreihen. Knigge-Nachfolger vermitteln uns sämtliche Details. Fakten dieser Art können wir pauken wie das kleine Einmaleins. Aber unter gutem Benehmen ist mehr zu verstehen als bloße Etikette. Wichtiger, als vorgeschriebene Formen zu beherrschen, ist es, diejenige Haltung zu beherzigen, die echte Klasse und Stil ausmachen. Eine starre Etikette ist ohnehin nicht mehr zeitgemäß. Was vor allem zählt, ist die Achtung vor anderen Menschen. Sie zeigt sich meist in einfachen, alltäglichen Dingen. Etwa, indem wir Takt beweisen. Takt ist das sensible Gespür dafür, dass einem anderen etwas peinlich sein könnte. Wenn wir vermuten, dass unser Kollege nicht weiß, wie man »Chateaubriand« ausspricht, dann übernehmen wir ganz selbstverständlich die Bestellung im Feinschmeckerlokal und lassen ihn nicht radebrechen. Gutes Benehmen verlangt ebenfalls, sorgfältig mit dem Eigentum anderer umzugehen. Niemand hat gerne Eselsohren in seinen Büchern, Kaffeeflecken auf der Akte oder einen Kratzer an der Autotür. Zum guten Ton gehört auch Selbstdisziplin. Wir dürfen unsere Launen nicht an unserer Umgebung auslassen. Wenn wir Kopfweh oder Kummer haben, müssen wir zwar nicht so tun, als ob es uns fantastisch ginge, sollten aber Unbeteiligte nicht damit nerven.

Gutes Benehmen darf nicht nur wichtigen Personen oder Situationen vorbehalten sein, es muss uns in Fleisch und Blut übergehen.

Loyalität

Loyalität bedeutet, treu zu einer Person, einer Gruppe oder einem Unternehmen zu stehen. Grundlage dafür sind gemeinsame Ziele, Werte, Interessen oder ein Gemeinschaftsgefühl. Eine innere Verbundenheit bewirkt, dass man sich auch dann auf die Seite des- oder derjenigen stellt, wenn es Schwierigkeiten gibt oder man anderer Meinung ist.

Unter Freunden heißt Loyalität, dass wir zu dem anderen halten, obwohl wir mit seinem Handeln nicht einverstanden sind. Das gilt vor allem gegenüber Dritten. Wir fallen ihm nicht in den Rücken, reden nicht schlecht über ihn und plaudern keine Geheimnisse aus. Stattdessen entschuldigen wir die Person und bemühen uns, sie in einem günstigen Licht erscheinen zu lassen. Wenn es etwas zu kritisieren gibt, dann nur konstruktiv und unter vier Augen.

In der Partnerschaft hat Loyalität besonders den Aspekt von Treue, im Sinne von Unterstützung und Zusammenhalt. Man versagt dem Partner oder der Partnerin nicht den Rückhalt, sobald es schwierig wird. Die Ehefrau eines Politikers, die vor den Augen der Öffentlichkeit zu ihrem Mann steht, obwohl es Gerüchte über seine Seitensprünge gibt, verhält sich loyal. Ebenso der Mann, der seine Freundin nicht alleinlässt, obwohl sie durch eine schwere Krankheit nicht mehr die Frau ist, in die er sich verliebt hat.

Im Beruf verlangt Loyalität gegenüber einer Firma oder einem Konzern, dass man die eigene Meinung auch mal zurückstellt und etwa ein Projekt mitträgt, von dem man nicht ganz überzeugt ist. Dass man sich verantwortlich fühlt, wenn es finanzielle oder zeitliche Engpässe gibt. Ein Zeichen großer Loyalität ist es, wenn MitarbeiterInnen bereit sind, in so einem Fall auf einen Teil ihres Gehalts zu verzichten oder viele Überstunden zu machen.

Allerdings sollte es Grenzen der Loyalität geben: wenn wir es nicht mehr mit unserem Gewissen vereinbaren können oder wenn es uns und anderen schadet. Falsch verstandene Loyalität ist es etwa, die Alkoholkrankheit des Partners oder der Partnerin zu decken, anstatt auf einer Therapie zu bestehen. Oder wenn man über unrechtmäßige Dinge in der Firma schweigt, wie es bei dem betrügerischen Softwaretrick für Dieselautos der Fall war.

Loyalität ist ein hohes Gut, das viel Wertschätzung generieren kann. Umso vorsichtiger sollten wir damit umgehen.

Authentizität

Wer sich nicht verbiegt, sondern zu seiner Meinung und seinen Werten steht, dem bescheinigt man Authentizität. Die Sehnsucht nach Menschen, die authentisch sind, ist gegenwärtig besonders groß, und das kommt nicht von ungefähr. Wir leben in einer Zeit, in der es viel um Selbstvermarktung geht. Viele Menschen verstecken sich hinter einem Image und versuchen sich in einem besonders guten Licht darzustellen. Denn in der Berufswelt gibt es wenig Sicherheit. Wir sind gezwungen, uns gegen die Konkurrenz zu behaupten und uns smart anzupassen. Auch im Privatleben müssen wir einiges bieten, um Freundschaft und Partnerschaft aufrechtzuerhalten. Schließlich trennt man sich heute wesentlich leichter als noch vor Jahrzehnten. Das Ergebnis ist oft mehr Schein als Sein, mehr Image als tatsächliche Qualität. In jedem Fall ist es eine Fassade, hinter der die wahren Gefühle verschwinden. Kein Wunder, dass wir uns als Kontrast dazu mehr Authentizität wünschen. Nicht nur bei anderen, sondern auch für uns selbst. Leider wird Authentizität oft missverstanden. Wir glauben, es bedeute, immer und überall ungefiltert mitzuteilen, was wir meinen, denken und fühlen. Diese Art von Authentizität zeigen auch Chefs, die wütend ihre Mitarbeiter beschimpfen. Unter der Flagge »Authentizität« handelt es sich schlicht um mangelnde Sensibilität gegenüber anderen Menschen und Situationen.

Wahre Authentizität ist das Ergebnis intensiver Arbeit an der eigenen Persönlichkeit. Sie setzt voraus, dass wir uns selbst gut kennen. Wir wissen um unsere Schwächen und unsere Stärken. Wir sind uns unserer Gefühle bewusst und werden nicht von ihnen getrieben. Auch unsere Wünsche und Motive sind uns weitgehend vertraut. Diese Selbstreflexion versetzt uns in die Lage, zu beurteilen, was gerade in uns stattfindet, und zu entscheiden, ob wir das mitteilen wollen. Wenn wir es tun, dann mit Klarheit und Wahrhaftigkeit. Das bedeutet, dass wir uns dabei nicht schonen. Wir müssen gegebenenfalls auch bereit sein, eigene Fehler zuzugeben oder zu unpopulären Forderungen zu stehen. Ein Leitfaden für authentisches Verhalten sind unsere Werte. Das ist sicher kein Problem, solange wir dafür Lob und Ehre einfahren. Aber es kann ganz schön schwer sein, wenn damit Nachteile verbunden sind. Echte Authentizität verlangt viel von uns. Es bedeutet, nicht opportunistisch zu sein, keine faulen Kompromisse zu schließen und der persönlichen Überzeugung treu zu bleiben. Damit rückt sie nahe an die Zivilcourage. Wir müssen den Mut haben, unsere Werte zu verteidigen – auch wenn wir damit manchmal ganz alleine stehen. Wie einer meiner Freunde, der aus Respekt vor Lebewesen Veganer ist. In seinem Betrieb, in dem die meisten Kollegen gerne saftige Steaks essen, muss er sich deswegen viel Spott anhören. Menschen, die authentisch sind, sind nicht immer pflegeleicht, sie haben Ecken und Kanten. Man kann das auch mit Edelsteinen vergleichen, die genau deshalb so schön funkeln.

Positive Resonanz im Beruf erzeugen: Interview mit Dorothea Assig und Dorothee Echter

Kontinuierlich unser Bestes zu geben und ein moralisch tadelloses Verhalten an den Tag zu legen, ist – wie wir gesehen haben – eine notwendige Grundlage, um Wertschätzung zu bekommen. Doch besonders im Beruf gehört noch mehr dazu: Wir müssen mit anderen auf wirkungsvolle Weise Kontakt aufnehmen und halten. Das bedeutet mehr als bloßes Netzwerken mit KollegInnen. Tatsächlich handelt es sich um eine Kunst, deren Regeln wir kennen sollten, wenn wir beruflich dauerhaft Wertschätzung erhalten wollen.

Dorothea Assig und Dorothee Echter sind seit über zwanzig Jahren gefragte Beraterinnen für Topmanager und Persönlichkeiten aus Wissenschaft, Politik, Sport und Kunst. Ihr Buch ›Ambition‹ ist ein wichtiger Ratgeber für alle, die in ihrem Beruf dauerhaft einen guten Ruf genießen möchten. Als Expertinnen für große Karrieren wissen sie, wie man eine hohe Wertschätzung erreicht. Deshalb habe ich ihnen Fragen gestellt und sie gebeten, aus ihrer Erfahrung Hinweise zu geben, wie das optimal gelingt.

Wer sich selbst schätzt, wird eher wertgeschätzt

Ein Synonym für Wertschätzung in der Berufswelt ist »Reputation«, man hat einen guten Ruf. Was ist dafür zentral und wie ist das zu erreichen?

Es braucht Jahre beruflichen Erfolgs, um Reputation zu erwerben, weil sie nicht automatisch der exzellenten Leistung folgt, sondern freiwillig gewährt wird. Vielen ist trotz brillanten fachlichen Könnens keine Reputation vergönnt, weil sie sich auf die eigene Leistung fokussieren und nicht beachten, dass andere entscheidend für das berufliche Weiterkommen und den guten Ruf sind. Erfolgreiche Persönlichkeiten leben ihre Ambition, die über sie selbst hinausweist, andere mit einbezieht und ansteckend ist. Daraus entsteht eine gute Reputation: die Aufmerksamkeit vieler Menschen, die lange anhält – auch nach dem Karriereknick oder dem Karriereende. Das eigene Verhalten hat diese Resonanz ausgelöst.

Die Basis ist das fachliche Können, das die Abteilung, das Projekt, das Unternehmen erfolgreich macht. Aufgrund ihrer Fähigkeit werden SpezialistInnen von ihren Vorgesetzten befördert und bekommen größere Aufgaben, mehr Verantwortung. Sie sind wertvoll und von großem Nutzen; die Wertschätzung, die ihnen entgegengebracht wird, geht allerdings nicht über den allerengsten Kreis hinaus. Um mehr Anerkennung zu erhalten, muss es gelingen, dass viele Menschen erkennen, wofür jemand steht, und dass sie dann auch mit anderen darüber sprechen. »Frau X ist eine tolle Projektleiterin« – das reicht jedoch nicht aus. Es gibt viele gute Projektleiterinnen. Was genau macht sie so herausragend, so bestechend erfolgreich, dass Personalverantwortliche auf sie aufmerksam werden, sie bei Headhuntern Beachtung findet? Außenstehende sind nicht in der Lage, das fachliche Können zu beurteilen – das ist eine stark unterschätzte Erfolgsbremse. Frau X könnte ihr Fortkommen ja auch glücklichen Zufällen oder sehr guten MitarbeiterInnen verdanken. Solange die Worte fehlen, das eigene Können zu benennen, wird es keine Wertschätzung geben. Jede und jeder führt darüber Regie, wie andere sie sehen.

Wieso müssen die eigenen Erfolge so deutlich benannt werden?
Erfolge und gute Ergebnisse sehen immer leicht aus, selbstverständlich. Wenn das Softwareprogramm bestens funktioniert, wenn das Meeting wegweisend war: prima. Erfolge

müssen deshalb Vorgesetzten und anderen Entscheidern gegenüber decodiert werden, das gehört zur Dynamik dazu. Ein Vertragsabschluss ist ein Vertragsabschluss. Welches Können sich dahinter verbirgt, ist anderen nicht bewusst, nicht einmal den Beteiligten, deren Aufmerksamkeit auf das Ergebnis gerichtet ist und nicht auf die Handelnden. Gerade wenn Erfolge mit leichter Hand erzielt wurden, ist nicht offensichtlich, was daran großartig sein sollte. Oder das Können ist so originär, dass andere diese Fähigkeit nicht als einzigartig würdigen können, weil sie es nicht realisieren. Deshalb brauchen sie eine Erläuterung, quasi eine Anweisung, wie dieser Erfolg zu verstehen ist. Wobei es nicht darum geht, die Arbeit zu beschreiben: »Also bin ich dort hingeflogen und habe mit jenem geredet ...«, sondern den Erfolg zu entschlüsseln: »Da meine Verhandlungsführung immer den Gewinn für beide Parteien im Auge hat, ist sie auch in schwierigsten Konstellationen erfolgreich.« Wer selbst den Erfolg benennt, setzt damit die Anerkennung-für-Erfolge-Dynamik in Gang, umso mehr, wenn auch der Anteil anderer ganz ausdrücklich mit Dank gewürdigt wird.

Kommunikation ist also für die Wertschätzung genauso entscheidend wie fachliches Können?
Weil es so wichtig ist, sei es hier noch einmal betont: Wer einen entsprechenden Ruf anstrebt, für den gilt: Eine gute Leistung ist nur dann gut, wenn sie gut kommuniziert wird. Und zwar von einem selbst. Es ist unerlässlich, selbst passende Worte für die eigene Arbeit und das eigene Können zu finden, eine sehr anspruchsvolle Aufgabe. Sie erfordert, sich zur eigenen Größe aufzurichten und zu bekennen. Das ist manchmal schwieriger, als unter dem Erfolgsradar hindurchzusegeln und zu denken: »Irgendjemand anderer wird mein großes Talent schon entdecken.« Ein Irrtum: Niemand wird

einfach so entdeckt. Wer erfolgreich ist, hat sich dafür entschieden, sich dem Auswahlprozess zu stellen, und dann alles dafür getan, um sichtbar zu sein.

Als Erstes wird das eigene Können erkannt und ernst genommen. Klingt einfach, hat es aber in sich. Was einem besonders leichtfällt, scheint selbstverständlich zu sein. So sagt eine Informatikerin: »Das kann doch jeder mit einer IT-Ausbildung.« Nein, das kann nicht jeder. Um herauszufinden, was jemanden einzigartig macht, ist es hilfreich, andere zu fragen, wohlwollende Kollegen, Chefinnen, Freunde, Kundinnen, Berater. Auch die genaue Analyse der eigenen Erfolge ist wichtig. Wohin haben welche Anstrengungen geführt? Was haben sie bewirkt? Auf die Ergebnisse kommt es an. Kompetenzen aufzulisten, wie »teamorientiert«, »führungsstark«, ist völlig unwichtig. Solche Begriffe bleiben nicht im Gedächtnis, sind also für die Reputation unerheblich – oder sogar schädlich, weil sie Menschen langweilen.

Im zweiten Schritt wird das Können genau benannt. Und dann wird dieses Brand, die Marke, in die Welt getragen. Mündlich, schriftlich, in Präsentationen, im Smalltalk, in der Projekt- und persönlichen Signatur. Dann kann eine »Gefolgschaft« erfolgreicher Menschen entstehen, die die Ideen und die Ambition der Betreffenden wohlwollend und gern weitertragen. Wobei dieses »gern« sehr sensibel ist. Es verträgt keinerlei Kritik an abwesenden Dritten, es zieht sich zurück, wenn eine Verpflichtung spürbar wird, es reagiert negativ auf Beeindrucken-Wollen, Rechthaben-Wollen, Etwas-haben-Wollen. Im beruflichen Kontext ist eine positive Resonanz nur zu haben, wenn Menschen Komplimente, Dank, Wertschätzung absichtslos, ohne Hintergedanken geben und dies auch aufrechterhalten, wenn andere einmal missgelaunt sind oder kritisch. Das ist nicht einfach und der Grund, warum nur wenige Menschen dauerhaft positive Resonanz und gute Reputation erreichen. Es ist eine lebenslange Aufgabe, jeden Tag neu. Kritik und Abwertung anderer sind populär; es ist so viel einfacher, arrogant als großartig zu sein. Kleine Fehler anderer hervorzuheben, statt nach ihren großen Talenten zu suchen. Als Richtschnur für das eigene Handeln ist Folgendes entscheidend: Menschen im Beruf bekommen genauso viel Wertschätzung und positive Resonanz, wie sie anderen zu geben bereit sind.

Es gibt keine Abkürzung auf dem Weg zu einem guten Ruf. Die Karriere macht immer da einen Schritt vorwärts, wo Dritte gern, positiv und mit den richtigen Worten über jemanden sprechen. »Wer ist eigentlich diese Sonja Müller oder dieser Peter Meyer?« – von der Antwort hängt viel ab. Sie führt zu Empfehlungen, zu neuen Aufträgen, zu Jobangeboten, zu größerem Einkommen, zu Bekanntheit und zu Einfluss.

Kann man Wertschätzung einfordern?

Nein, Wertschätzung steht niemandem automatisch per Arbeitsvertrag zu. Manche Menschen empfinden es als kränkend, erfolgreich zu sein und sich dennoch erklären zu müssen. Selbstzweifel-Monster flüstern unaufhörlich: »Nur wer unbedeutend ist, hat das nötig.« Wer in dieser Falle stecken bleibt, fühlt sich betrogen, um die Wertschätzung gebracht. Dabei wäre das ein guter Zeitpunkt, sich von diesen Gedanken frei zu machen und in Erscheinung zu treten. Anerkennung ist ein Geschenk, dem ein langer Prozess vorausgegangen ist. Den jede und jeder selbst angestoßen hat.

Wohin führt eine gute Reputation?

Wer eine gute Reputation hat, für den ist beruflich viel mehr möglich, was Menschen sich vorher nicht einmal in der Fantasie vorstellen konnten. Eine neue Welt tut sich für sie auf. Ab jetzt ist das Berufsleben leichter: Empfehlungen, Jobangebote, Einladungen, alles da. Es bedeutet, umfassend als Persönlichkeit wie im Wirken wahrgenommen und geschätzt zu werden.

Sie sprechen in Ihren Büchern auch in Bezug auf einen guten Ruf häufig von einer »Community«. Was zeichnet eine solche aus?
Community, Gemeinschaft, bedeutet: dazugehören. Zugehörigkeit ist das ursprüngliche Thema im Leben jedes Menschen. Den meisten Kindern ist es selbstverständlich, wohin sie gehören und wer dazuzählt. Ihr Anschluss an eine Gemeinschaft erfolgt wie von selbst, durch Versuch und Irrtum und erneuten Versuch. Etwa im Urlaub, wenn ein Kind kein Wort der fremden Sprache versteht und schon nach kurzer Zeit im Sandkasten mitspielt, als hätte es nie etwas anderes getan. Das Kind hat sein soziales Geschick angewandt, ist vielleicht erst ignoriert worden, hat einiges ausprobiert, Blickkontakt aufgenommen, eine Schaufel Sand angeboten etc. Dann ist dazugehören einfach, auch wenn der Prozess äußerst komplex ist und ausgeprägte Resonanzantennen erfordert.

Für viele Menschen ist Zugehörigkeit ein völlig unbewusstes Geschehen. Sie wissen intuitiv, wer ihre Bezugsgruppe ist, tauschen unverbindliche Worte, Belanglosigkeiten aus, die zu Verabredungen und dann zu Freundschaften führen. Je erfüllter ihr Leben ist, je erfolgreicher sie sind, umso selbstverständlicher können sie sich auf neue Gruppen einstellen und deren Zugehörigkeitscodes entschlüsseln. Ihnen gelingen subtile Anpassungsprozesse, ohne die eigene Identität aufzugeben oder sich in ihr gefährdet zu fühlen.

Anderen – ebenso klugen wie liebenswerten – Menschen wiederum ist das Gefühl der Zugehörigkeit fremd; nicht Teil der Gemeinschaft zu sein ist für sie eine ungute, aber vertraute Empfindung und deshalb schwer zu verändern. Sie müssen lernen, was dazu notwendig ist. Doch wer wirklich den Wunsch hat, dazuzugehören, kann es auch erreichen. Es handelt sich um einen Prozess, bei dem es keinen Automatismus gibt. Selbst wenn es von außen so wirkt.

Die Community bezeichnen Sie als Heimat erfolgreicher Menschen. Reicht die Familie nicht aus?
Familie und Freundschaften vermitteln Sicherheit und Geborgenheit. Für beruflich ambitionierte Menschen kommt die Community als soziale Heimat hinzu. Hier wird gelernt, werden Krisen bewältigt und Erfolge gefeiert, hier entwickeln sich Karrieren, können persönliches Wachstum, Flow und Erfüllung erlebt werden. Nur hier wird der berufliche Erfolg gesehen und als Wertschätzung gespiegelt. Nur hier ist es möglich, die eigene Größe wahrzunehmen, denn diese wird durch Resonanz befeuert. Am Beginn der Karriere gehören zur Community vor allem ehemalige WeggefährtInnen, FreundInnen und die KollegInnen im Team. Von da an wird die Community größer, relevanter, anspruchsvoller, hochkarätiger und vor allem: Sie ist draußen, also außerhalb des eigenen Unternehmens, zu finden. Es sind einflussreiche und sympathische Menschen im weiteren beruflichen Umfeld, die jemand kennt oder kennenlernen möchte. Jeder Erfolg braucht andere »Externe«. Etwa Ex-KollegInnen, eine befreundete Nachbarin, die ein Start-up führt, Alumni aus einem Fortbildungsprogramm im Ausland, eine Kommunikationsexpertin, die man zufällig im Flugzeug kennenlernte. Nicht dazu gehören: Freunde und Verwandte, Abhängige, bezahlte Berater, und auch nicht einflussreiche Persönlichkeiten, die jemand allein ihres Einflusses willen kennen möchte.

Wenn eine persönliche Community für die Wertschätzung so wichtig ist – was können wir konkret tun, um sie aufzubauen?
Widmen Sie Ihrer sozialen Repräsentanz mehr Aufmerksam-

keit. Beginnen Sie mit dem, was Ihnen leichtfällt, und bauen Sie sich zunehmend Ihr eigenes Repertoire auf.

- Alle Zugehörigkeitssignale werden *großzügig gegeben* und geboten. Es wird nichts zurückverlangt oder gefordert oder sanktioniert. Ausbleibende Reaktionen oder Fehler werden großzügig übersehen.
- Auf *Rückmeldung* achten. Kommt dauerhaft keine Resonanz von einer Person, keine Antwort etc., so möchte sie nicht in Kontakt sein.
- *Niemals »Leistungsbeweise«* oder Gespräche darüber, was man alles kann und gemacht hat, sondern was einen interessiert und antreibt.
- Gemeinsame *Aktivitäten* stärken den Zusammenhalt.
- Ausschließlich *positiv über andere sprechen.*
- *Kleine Geschenke* machen.
- *Einladungen* aussprechen und annehmen.
- *Andere empfehlen.*
- Sich für eine *Empfehlung/Information/gute Beratung* bedanken und die andere Person auf dem Laufenden halten.
- Auf Reisen Community-PartnerInnen *besuchen,* sich verabreden.
- *»Never eat alone«*. Dieses Mantra stammt von Keith Ferrazzi, dem amerikanischen Networking-Experten: Jede Gelegenheit wahrnehmen, mit anderen gemeinsam zu frühstücken, zu lunchen, zu Abend zu essen.
- *Dankbarkeit*
- *Unkompliziert sein*

Community-Building-Kompetenz wirkt immer leicht, absichtslos, auch wenn es anfangs harte Arbeit und immer von großer strategischer Bedeutung ist.

Welche Fehler sollte man unbedingt vermeiden, wenn man die Wertschätzung anderer erhalten oder behalten möchte?

Es sollte lohnend und angenehm sein, sich für jemanden zu engagieren. Die folgenden Sätze gehören aus dem Repertoire gestrichen:

»Mich hat niemand angerufen« – was bedeutet: Jemand hat entscheidende Infos nicht bekommen, hat zu relevanten Persönlichkeiten keine Verbindung, ist passiv und hat selbst nichts zu geben. Stattdessen: *Selbst* die Verbindungen halten, anrufen, eine Dankeskarte schicken, eine »Neulich-musste-ich-an-Sie-denken«-E-Mail senden, wichtige Informationen weitergeben, Anerkennung und Bewunderung aussprechen. Der Rest kommt von selbst.

Ebenso kritisch ist: »Ich habe Termine« – eine verheerende Botschaft, wenn man so z. B. eine Einladung zu einem Gespräch ausschlägt. Alle haben Termine. Diese Aussage klingt überheblich und signalisiert mangelnde Prioritätensetzung sowie mangelnde Einsicht in die Bedeutung des Community-Buildings. Stattdessen: Sich für jede Einladung persönlich bedanken und eine Absage substanziell und mit Bedauern begründen.

Unmöglich klingt auch: »Mich dürfen Sie jederzeit wieder einladen« – Wer das hört, denkt, dieser Mensch hat noch niemals selbst Gesellschaften gegeben oder Gäste eingeladen, sonst wüsste er, wie arrogant es wirkt, sich selbst für den attraktivsten Gast zu halten. Warum sollte so jemand jemals wieder eine Einladung bekommen? Stattdessen gilt es, mit Dank zuzusagen, einen Dank hinterherzusenden, mit Dank abzusagen, ein Gastgeschenk zu machen und gleich selbst die nächste Einladung auszusprechen.

Abwertend klingt ebenfalls: »Kenne ich schon« – Eine solche zurückweisend wirkende, Ahnungslosigkeit signalisierende Absage ist der beste Garant, nie mehr einbezogen oder eingeladen zu werden. Denn bei Kontakten, Angeboten, Einladungen geht es nicht darum, ob jemand eine Stadt, eine Information, eine Person, ein Restaurant etc. »schon kennt«. Stattdessen: neugierig, lernbereit und wertschätzend bleiben. Sich bedanken.

Verbundenheit ist ja offenbar eine wichtige Grundlage für Wertschätzung. Wie lässt sich das Procedere zusammenfassen?
Es beginnt damit, sich selbst bedeutsam und interessant zu fühlen. »Ich mache den Unterschied.« Zu anderen aufzuschauen, sich zu vergleichen wirkt trennend; von ihnen beeindruckt zu sein, von ihnen lernen zu wollen stärkt die Beziehung. Andere sind genauso attraktiv und interessant wie man selbst: Das ist Augenhöhe. Daraus entsteht ein Gemeinschaftsgefühl, das in einem selbst wächst und mit anderen geteilt wird. Aus Freude. Aus Wertschätzung.

Dankbarkeit

Was Dankbarkeit bedeutet

Was ist eigentlich Dankbarkeit? Die Frage scheint zunächst leicht zu beantworten. Die meisten von uns wissen sofort, was damit gemeint ist: Wir erhalten ein Geschenk oder jemand tut uns etwas Gutes und wir reagieren positiv darauf. Die ›Enzyklopädie der Wertvorstellungen‹ definiert genauer: »Das Wort Dankbarkeit beschreibt einen Zustand, in dem man anerkennt bzw. zu schätzen weiß, dass einem jemand oder etwas ein positives Gefühl – durch eine meist immaterielle oder auch materielle Zuwendung – geschenkt hat.« Wie lange dieser Zustand anhält und wie intensiv er ist, ist damit noch nicht gesagt. Tatsächlich gibt es unterschiedliche Grade der Dankbarkeit. Sie reichen von höflicher Reaktion bis zur dauerhaften Lebenseinstellung.

Dankbarkeit als Umgangsform

Dankbarkeit muss nicht immer mit einer tiefen Empfindung verbunden sein. Es kann sich auch schlicht um eine Reaktion auf einen Gefallen handeln, den uns jemand getan hat. Man nimmt die Zuwendung seines Gegenübers positiv wahr und teilt ihm mit, dass man sie zu schätzen weiß. In den meisten Fällen ist so ein höflicher Dank keine hohle Phrase. Vielmehr kommt der Impuls dazu aus einem aktuellen Gefühl von Befriedigung, Freude oder Erleichterung. Diese Form der Dankbarkeit sollten wir keineswegs für gering halten, sie ist eine wichtige Komponente im Umgang mit unseren Mitmenschen.

Auf diese Weise entsteht guter Kontakt. Man stelle sich eine Welt ohne diese Dankbarkeitsbezeugungen vor. Sie wäre um einiges kälter und ärmer.

Höfliche Dankbarkeit ist uns nicht angeboren, sondern wir müssen sie wie gute Tischsitten erst einmal lernen. Damit sie uns in Fleisch und Blut übergeht, fängt man am besten schon in jungen Jahren damit an. Viele Eltern wissen das und bemühen sich deshalb, es ihren Kindern rechtzeitig beizubringen. Am Anfang mag der Dank nur ein lästiges Lippenbekenntnis sein, doch im Erwachsenenalter erkennt man, dass es sich um eine wertvolle Gewohnheit handelt. Dankbarkeit macht uns nämlich sympathisch und beliebt.

Dankbarkeit als Haltung

Doch Dankbarkeit kann weitaus mehr sein als eine emotionale Variante der Anerkennung: eine grundsätzliche Haltung. Das setzt die Erkenntnis voraus, dass wir als Menschen voneinander abhängig sind. Niemand ist eine Insel. Wir nutzen tagtäglich, was andere für uns tun oder schaffen. Was so einleuchtend klingt, ist uns leider oft kaum bewusst. Vieles, für das wir dankbar sein könnten, schreiben wir uns selbst zu. Dabei verdanken – man beachte das Wort! – wir es weitgehend anderen Menschen oder glücklichen Ereignissen, die wir nicht selbst herbeigeführt haben. Das gilt zum Beispiel für beruflichen Erfolg. Der amerikanische Wirtschaftswissenschaftler Robert H. Frank weist nach, dass in den Lebensläufen bedeutender Persönlichkeiten zufällige glückliche Ereignisse eine weitaus größere Rolle spielen, als sie selbst annehmen. Etwa dass sie den richtigen Leuten begegnet sind oder dass ihnen der Zeitgeist in die Hände gespielt hat. Zahllose Menschen mit denselben Qualitäten werden weder reich noch berühmt, weil ihnen dieses Quäntchen Glück fehlt. Trotzdem glauben die meisten Erfolgreichen, sie hätten sich das nur selbst zuzuschreiben, aufgrund von Fleiß, Talent, Intelligenz, Disziplin oder geschicktem Netzwerken. Aber nicht jeder, der es nicht so weit geschafft hat, ist zu schwach, weniger kompetent oder kommunikativ, sondern er war vermutlich einfach nicht zur rechten Zeit am rechten Ort und hat keine Unterstützung erfahren. Erfolgreiche Menschen sind laut Frank aufgefordert, das einzusehen und ihre Ressourcen dankbar denen zur Verfügung zu stellen, die weniger Glück haben. Eine Frau, die das erkannt hat, ist Melinda Gates, die zusammen mit ihrem Mann Bill Millionen in weltweite Hilfsprojekte investiert. Sie sagt: »Wenn Sie erfolgreich sind, dann weil Sie irgendwo, irgendwann, irgendwer auf den richtigen Weg gebracht hat. Das bleiben Sie dem Leben so lange schuldig, bis Sie einer anderen Person so helfen, wie Ihnen geholfen wurde.«

Auch wenn Erfolg für uns nicht das Wichtigste im Leben ist, bleibt noch vieles, für das wir dankbar sein können: Dass sauberes Wasser aus der Leitung fließt, dass wir in Frieden leben, dass bei uns Meinungsfreiheit herrscht, dass wir ein Dach über dem Kopf und genug zu essen haben. Hinzu kommen noch persönliche Gegebenheiten, die nicht für jeden selbstverständlich sind, etwa dass man sich bewegen, hören und sehen kann.

Wenn wir uns bewusst machen, wie viel Gutes uns an jedem Tag zuteilwird, dann können wir von Dankbarkeit erfüllt sein, selbst wenn manches nicht so läuft, wie wir es uns wünschen.

Dankbarkeit macht glücklich

Dankbarkeit ist nicht nur für diejenigen angenehm, denen sie gilt, sondern hat auch Rückwirkung auf uns selbst. Das belegen zahlreiche wissenschaftliche Experimente. Das ›Journal of Clinical Psychology‹ veröffentlichte dazu einen Artikel, in dem die gesamte hierzu verfügbare Literatur untersucht wurde. Er dokumentiert, dass Dankbarkeit von allen erforschten Persönlichkeitsmerkmalen am engsten mit psychischer Gesundheit und einem glücklichen Leben verbunden ist.

Das lässt sich auch in Einzelstudien nachweisen. Martin Seligman, Pionier der Positiven Psychologie, forderte Versuchspersonen auf, einen Dankesbrief an jemanden zu schreiben, bei dem sie sich für eine frühere Gefälligkeit noch nie erkenntlich gezeigt hatten. Aus der anschließenden Befragung ging hervor, dass die Probanden ihr persönliches Glücksgefühl deutlich höher einschätzten als zuvor. Zahlreiche weitere von Psychologen durchgeführte Studien erbrachten ähnliche Ergebnisse. Nancy Digdon und Amy Koble fanden heraus, dass Versuchspersonen, bei denen das Gefühl von Dankbarkeit erzeugt wurde, in der Folge weniger Ängste hatten und besser schliefen. Nathan DeWall und sein Team zeigten, dass Probanden, die lernten, dankbarer zu sein, mehr Empathie gegenüber ihren Mitmenschen empfanden und weniger aggressiv reagierten, wenn sie provoziert wurden.

Es lohnt sich also, Dankbarkeit nicht nur als begrenzte Anerkennung für erwiesene Wohltaten zu kultivieren, sondern sie als grundlegendes Lebensgefühl zu entwickeln.

Test: Wie dankbar sind Sie?

Dankbarkeit ist vielfältig. Sie reicht von purer Höflichkeit bis hin zu einer grundsätzlichen Lebenseinstellung. Testen Sie hier auf spielerische Art, wie ausgeprägt Ihr persönliches Gefühl für Dankbarkeit ist.

So wird der Test gemacht:
Kreuzen Sie immer diejenige Antwort an, die am meisten auf Sie zutrifft.

TESTFRAGEN

Frage 1
Sie haben einem Bekannten einen großen Gefallen getan. Der zeigt sich leider nicht besonders dankbar. Am meisten ärgert Sie diese Reaktion:

- Er sagt nur kurz: »Vielen Dank.« (B)
- Als Sie ihn Ihrerseits um einen Gefallen bitten, hat er keine Zeit. (A)
- Er bedankt sich mit einer Tafel Schokolade vom Discounter. (C)

Frage 2
Eine Karte, eine Mail oder ein Anruf zum Geburtstag – wie zuverlässig gratulieren Sie Freunden und guten Bekannten?

- Wenn ich daran denke, gratuliere ich ihnen natürlich. (C)
- Ich habe alle Geburtstage notiert und gratuliere regelmäßig. (B)
- Bei den meisten weiß ich leider gar nicht, wann sie Geburtstag haben. (A)

Frage 3

Ihre Großtante überreicht Ihnen freudestrahlend ein Gemälde, ›Caprifischer bei Sonnenuntergang‹ – wirklich nicht Ihr Geschmack. Sie …

- sagen ehrlich: »Das ist sehr lieb von dir, aber es passt leider nicht zu unserer Einrichtung. (A)
- sagen: »Herzlichen Dank, dass du an uns gedacht hast. Bestimmt ist es dir schwer gefallen, dich von dem Bild zu trennen.« (C)
- bedanken sich mit warmen Worten für das schöne Geschenk. (B)

Frage 4

Im Fernsehen diskutieren drei Prominente über das Thema »Dankbarkeit«. Welcher Meinung stimmen Sie am ehesten zu?

- Dankbarkeit ist das »Schmieröl« sozialer Beziehungen. Es macht die Welt lebenswerter, genau wie Höflichkeit und Freundlichkeit. (C)
- Dankbarkeit ist ein Gefühl, das uns vor allem selbst erfüllt. Dann ist es gar nicht so wichtig, ob wir sie auch von anderen bekommen. (B)
- Dankbarkeit ist ein Gebot der Klugheit. Indem wir dankbar sind, regen wir andere dazu an, uns gerne noch mehr zu geben. (A)

Frage 5

Denken Sie an eine große Krise in Ihrem Leben, die mindestens drei Jahre zurückliegt, etwa eine Trennung oder eine Kündigung. Wie geht es Ihnen heute damit?

- Ich habe daraus gelernt. (B)
- Alles Schnee von gestern. (A)

- Wenn ich daran denke, kommen immer noch bittere Gefühle hoch. (C)

Frage 6

Sie blättern durch einige Romane. Welchen lesen Sie am liebsten weiter?

- Katrin traten die Tränen in die Augen. Sie funkelte Benno an: »Warum muss ich mir ausgerechnet jetzt das Bein brechen, wo ich alle Chancen hatte, beim Derby zu gewinnen?«. – »Wer weiß, wofür es gut ist«, tröstete Benno sie. »Vielleicht ergeben sich nun noch ganz andere Gelegenheiten.« (C)
- Inspektor Valentin runzelte die Stirn. »Sie haben sich nicht besonders gut mit Ihrem Geschäftspartner verstanden?«, fragte er. »Nein«, gab Philipp zu. »Er hat mich immer schuften lassen und die Lorbeeren dann selbst dafür geerntet.« – »Verstehe«, murmelte Valentin. »Wo waren Sie gestern zwischen zehn und elf?« (A)
- Lucia nahm die Brille ab und schaute zärtlich zu Javier hinüber. Seine Haare waren weiß geworden. Doch noch immer sah sie in ihm den jungen Mann, in den sie sich damals verliebt hatte. Sie war dem Schicksal dankbar, dass sie zusammen waren, obwohl sie so viele Hürden überwinden mussten. (B)

Frage 7

Die Smileys symbolisieren, wie nett, hilfsbereit und freundlich die meisten Menschen in den letzten vierzehn Tagen zu Ihnen waren

- ☺ (A)
- ☺ ☺ ☺ (B)
- ☺ ☺ (C)

Frage 8

Sie sind schuldlos in einen Unfall verwickelt. Ihr Auto ist schrottreif, Sie haben ein leichtes Schleudertrauma. Welcher Satz schießt Ihnen durch den Kopf?

- Ich hatte wirklich einen Schutzengel. (B)
- So ein Pech, dass es ausgerechnet mich erwischt hat. (A)
- Ich bin heilfroh, dass mir nicht mehr passiert ist. (C)

Frage 9

Drei Sprüche über Dankbarkeit. Welchen finden Sie besonders treffend?

- Dankbarkeit ist der Härtetest für Vergesslichkeit. (A)
- Dankbarkeit ist das Eingeständnis unserer Abhängigkeit von anderen. (C)
- Dankbarkeit ist das Gedächtnis des Herzens. (B)

Frage 10

Bitte kreuzen Sie **alles** an, was Sie in den letzten sieben Tagen getan haben:

- Ich habe jemandem ein kleines Geschenk gemacht. (A)
- Ich habe jemandem einen Gefallen getan. (A)
- Ich habe jemandem ein Kompliment gemacht. (A)

Frage 11

Sie bekommen nach einem Vorstellungsgespräch eine Absage. Wie reagieren Sie?

- Sie sind enttäuscht, bedanken sich aber mit einer kurzen Mail für die Zeit, die man Ihnen gewidmet hat. (B)
- Diese Ignoranten wissen ja gar nicht, was ihnen entgeht. Die sind für Sie gestorben. (A)
- Sie rufen an und fragen nach, warum man Sie abgelehnt hat. (C)

Testauswertung

Für jedes A gibt es 1 Punkt, für jedes B 3 Punkte und für jedes C 2 Punkte. Rechnen Sie bitte Ihre Gesamtpunktzahl aus. Ihre Auflösung finden Sie in der Punktgruppe, zu der Ihr Ergebnis gehört.

10 - 16 Punkte: Sie sind höflich dankbar

Wenn Ihnen jemand einen Gefallen tut, dann bedanken Sie sich selbstverständlich. Das ist nicht nur eine Floskel, sondern Sie sind ehrlich erfreut, dass man Ihnen etwas Gutes zukommen lässt, und wissen es zu schätzen. Als Mensch mit Stil äußern Sie Ihren Dank dann je nach Anlass mit Worten oder einem passenden Präsent. Allerdings behalten Sie dabei immer im Auge, dass Dankbarkeit bei Ihrem Gegenüber Wohlwollen erzeugt. Sie legen Wert darauf, dass Ihr Dank auch anerkannt wird.

17 - 25 Punkte: Sie sind freundlich dankbar

Sie haben feine Antennen dafür, wann Sie etwas bekommen haben. Dabei muss es sich nicht unbedingt um eine materielle Gabe handeln. Ebenso erfreut sind Sie über eine liebevolle Geste, ein tröstendes Wort oder eine hilfreiche Unterstützung. Das lassen Sie Ihr Gegenüber dann auch wissen, sei es mit einer Umarmung oder einem strahlenden Lächeln. Diese offene Rückmeldung kommt bei anderen gut an. Man nimmt Sie als einen liebenswürdigen Menschen wahr, dem man gerne etwas Gutes tut.

26 - 33 Punkte: Sie sind herzlich dankbar

Für Sie ist Dankbarkeit eine Herzensangelegenheit. Wenn jemand etwas für Sie getan hat, vergessen Sie das demjenigen nie. Sobald sich nur die Gelegenheit bietet, vergelten Sie es ihm mit Ihren eigenen Möglichkeiten. Darüber hinaus bezieht sich Ihre Dankbarkeit nicht nur auf einzelne Personen, sondern ist ein grundlegendes Lebensgefühl. Sie erinnern sich immer wieder daran, dass das Leben ein Geschenk ist und dass wir alle so manches Gute unerwartet erhalten, etwa eine berufliche Chance oder eine besondere Begegnung.

Dankbarkeitskiller Neid

Wenn man erst einmal angefangen hat, über alles Positive im Leben nachzudenken, müsste man eigentlich bald schon mit einem glücklichen Lächeln im Gesicht herumlaufen. Doch das klappt leider nicht immer – vor allem, wenn der direkte Gegenspieler der Dankbarkeit in uns aktiv wird: der Neid. Der missgünstige Blick auf andere kann uns durchaus das Leben schwer machen. Nach dem Motto »Gefahr erkannt, Gefahr gebannt« kommen wir deshalb um eine ausführliche Betrachtung dieses unangenehmen Gefühls nicht herum.

Neid zählt zu den universalen Gefühlen, genau wie Trauer oder Wut. Jeder Mensch ist dazu fähig, Neid zu empfinden. Allerdings lässt sich die Stärke von Neidgefühlen über die Erziehung und die soziale Einstellung beeinflussen, von daher kommen sie in manchen Zivilisationen schwächer zum Ausdruck. Eines ist ebenso allgemein verbreitet: Neid ist verpönt. Man kann ihn eventuell verstehen, aber es gibt wohl niemanden, der den Ausdruck von Neid gutheißt. Diese Ablehnung hat eine lange Tradition, besonders in unserer christlich geprägten Kultur. Neid, lateinisch »invidia«, gehört zum Kanon der sieben Todsünden, den Papst Gregor der Große im 6. Jahrhundert zusammengestellt hat. Neben Stolz, Zorn, Geiz, Faulheit, Völlerei und Wollust ist Neid den Christen bei Androhung des Höllenfeuers untersagt. Neid ist sogar in den Zehn Geboten erwähnt. Dort heißt es: »Du sollst nicht begehren deines Nächsten Weib, Knecht, Magd, Rind, Esel noch alles, was dein Nächster hat.«

Dem Neid entkommt keiner

Schön wäre es, wenn sich Neid so einfach verbieten ließe. Doch das grünäugige Monster hält sich nicht daran. Ihm kann man selten entkommen, vor allem, weil es in den meisten Fällen ganz unerwartet zuschlägt. Mit kleinen Neidanfällen kommen wir noch zurecht, die gehen schließlich schnell vorüber. Richtig unangenehm wird es aber, wenn sich der Neid auf große, für uns selbst wichtige Dinge bezieht. Zu sehen, dass ein anderer hat, was man sich so sehnlich wünscht, trifft tief. Dabei kann uns alles Mögliche neidisch machen: Schönheit, Bildung, Kinder, Herkunft, Charme, Klugheit, Geld, Reisen, Lob, Zuwendung, Glück, Talente, Begabungen, Fähigkeiten, Beziehungen, sämtliche materiellen Dinge – kurz und gut, was immer wir selbst gerne hätten.

Interessant ist jedoch, dass wir keineswegs auf jeden neidisch sind, der das von uns Gewünschte besitzt. Offenbar gibt es bestimmte Gesetzmäßigkeiten, wann unser Neid erregt wird und wann nicht. Wir schauen meist nur missgünstig auf Menschen, die in einem ähnlichen Umfeld leben oder in dem gleichen Bereich aktiv sind wie wir selbst. Ein Bootsbesitzer ist neidisch auf das schönere Schiff, das in Cuxhaven neben seinem vor Anker liegt, aber kaum auf die Luxusyacht eines Großindustriellen im Hafen von Ibiza.

Dieses Phänomen hat seine Ursachen in der Funktion des Neides. Neid ist nämlich nicht nur eine seelische Plage, sondern hilft uns zunächst, uns innerhalb unserer Umgebung einzuordnen. Das gehört zur Entwicklung unserer Identität. Der Blick auf andere gibt uns Antwort auf die Fragen »Wer bin ich?« und »Wo stehe ich?«. Neid macht uns darauf aufmerksam, dass wir auf einem Gebiet, das uns wichtig ist und in dem wir uns Erfüllung wünschen, schlechter abschneiden als Personen in unserer Nähe.

Neid ist nicht gleich Neid

An unserer Reaktion auf diese unangenehme Erkenntnis zeigt sich, dass Neid nicht gleich Neid ist. Es gibt zwei Möglichkeiten, mit dem unvermeidlichen Neid umzugehen: entweder auf konstruktive oder auf destruktive Art.

Im ersten Fall ist der Neid stimulierend. Für den konstruktiven Neid lautet der Code: »Euch werde ich es noch zeigen!« Wir sehen, dass jemand hat, was wir uns wünschen. Daraufhin beschließen wir, uns das auch zu verschaffen. Diese Art von Neid spornt uns an und ist meist mit einer guten Portion Ehrgeiz verknüpft. Wir halten für möglich, dass wir das Gleiche erreichen.

Anders ist es beim destruktiven Neid: Wir haben wenig Hoffnung, dass wir das, was wir bei anderen sehen, ebenfalls bekommen können. Deshalb blicken wir wütend oder gekränkt auf diejenigen, die scheinbar vom Glück begünstigt sind. Oder wir glauben aus einem Minderwertigkeitsgefühl heraus, uns würde die Erfüllung verwehrt bleiben. Wir denken: »Die hat Glück gehabt und einen tollen Job bekommen.

Und ich kriege immer nur Absagen« oder: »Klar, dem fällt es bei seinem extrovertierten Temperament leicht, Kontakte zu knüpfen. Ich bin schüchtern und kann nicht aus meiner Haut.« Ob unsere Resignation nun berechtigt oder unberechtigt ist, die Folge ist in beiden Fällen dieselbe: Indem wir uns auf die Konkurrenz konzentrieren, fühlen wir uns schlecht. Der seelische Schaden, den destruktiver Neid in uns anrichtet, ist beträchtlich. Wenn wir ständig um unsere Unfähigkeit kreisen, verringern wir unser Selbstwertgefühl: Den anderen gelingt das – mir nicht. Wir versinken immer mehr in dem beschämenden Gefühl, versagt zu haben, fühlen uns ohnmächtig und hilflos. Weil Seele und Körper eine Einheit bilden, wirkt sich die psychische Beeinträchtigung auch auf unsere Gesundheit aus. Nicht umsonst sprach man schon im Mittelalter davon, jemand sei »gelb vor Neid« oder auch »grün vor Neid«. Diese Redewendungen stammen daher, dass man Neid mit einer Störung der Leber und Galle in Verbindung brachte.

Strategien gegen den Neid

Neidattacken lassen sich kaum verhindern. Aber wir sind dem Neid keineswegs hilflos ausgeliefert. Als denkende Wesen können wir gegensteuern. Und das sollten wir auch unbedingt tun, denn damit ersparen wir uns eine Menge unnötigen Frust.

Das gilt auch für den stimulierenden Neid. Als Anregung und erfrischender Kick mag er kurzfristig seinen Sinn haben, doch auf die Dauer sollten wir ihm innerlich Paroli bieten. Sobald wir nämlich auf eine andere Person schauen, verlieren wir uns selbst aus den Augen. Der Mensch, den wir beneiden, hat schließlich eine andere Kombination von Eigenschaften und Fähigkeiten als wir und letztlich auch eine andere Lebensaufgabe. Der Vergleich hindert uns daran, uns auf unsere Möglichkeiten zu besinnen und unseren eigenen Weg zu finden. Außerdem machen wir einen Denkfehler. Wir konzentrieren uns nur auf das, was uns der beneidete Mensch voraushat, etwa die reiche Familie, die wohlgeratenen Kinder, Schönheit oder beruflichen Erfolg – alles Übrige lassen wir beiseite.

Wann immer wir auf jemanden neidisch sind, sollten wir uns die folgende Frage beantworten: Angenommen, ich könnte erhalten, worum ich diesen Menschen beneide – aber nur unter der Bedingung, dass ich alles von ihm übernähme. Würde ich das wollen? Den cholerischen Ehemann unserer erfolgreichen Kollegin möchten wir doch sicher nicht geschenkt. Und auf den stressigen Job unseres Cousins mit dem Porsche Cabrio können wir gewiss verzichten. Unter der Bedingung »Alles oder nichts« stimmt garantiert kaum jemand dem Handel zu. Diese Überlegung kann das neidische Gefühl schnell zum Verschwinden bringen.

Noch etwas gerät beim Neid leicht aus dem Blickfeld: In den meisten Fällen ist das von uns Gewünschte denjenigen nicht in den Schoß gefallen, sondern sie haben eine Menge dafür getan. Fragen wir doch einfach mal direkt nach, was die von uns beneidete Person an Zeit, Kraft und Engagement investiert hat. Die meisten antworten ganz offen. So erfahren wir, was der Erfolg auf die Dauer kostet, und können überlegen: Bin ich dazu bereit? Will ich wirklich wochenlang abends Fortbildung machen? Mich auf die Bühne stellen und eine Blamage in Kauf nehmen? Monatelang mühsam an einem Manuskript sitzen? Einen hohen Kredit aufnehmen, ohne die Garantie auf Erfolg für mein Projekt? Rund um die Uhr die Verantwortung für ein Kind tragen?

In vielen Fällen ist es uns zu mühsam, den erforderlichen Preis zu bezahlen. Aber ohne ihn gibt es nun einmal nicht das gleiche Ergebnis. Diese Erkenntnis kann uns helfen, unseren Neid zu überwinden. Statt eines Ausschnittes sehen wir das Ganze – und das ist oft gar nicht so beneidenswert.

Wir sollten uns deshalb fragen: Wäre ich denn mit allen Veränderungen einverstanden, die die Erfüllung meines Wunsches mit sich brächte? Auch in diesem Punkt müssen wir das ganze Paket annehmen.

Überprüfen Sie für sich: Werden Sie als Führungskraft wirklich glücklich sein – oder werden Sie die Einsamkeit an der Spitze kaum aushalten und sich in Ihr kollegiales Team zurückwünschen? Werden Sie als bekannte Persönlichkeit damit fertig, ständig auf dem Präsentierteller zu sitzen? Werden Sie das Wohnen auf dem Land wirklich nur genießen, oder werden Sie schmerzlich das kulturelle Leben vermissen, das Sie in der Stadt haben?

Sophie, 43, Stimmtherapeutin, fährt auf dem Weg zu ihrer Praxis mit dem Fahrrad durch ein Stadtviertel, das sich durch seine schönen Villen auszeichnet. Bisher wurde sie dabei regelmäßig von Neid gepackt. Dort zu wohnen wäre großartig. Wenn sie nur das Geld hätte! Inzwischen hat Sophie ein gutes Mittel gefunden, ihren Seelenfrieden zu behalten. Sie spinnt den Traum, in so eine Wohnung zu ziehen, einmal konsequent weiter. Dabei tauchen plötzlich ganz neue Überlegungen auf: Wer weiß, wie die neuen Nachbarn in dem Nobelviertel sind, vielleicht lauter schwierige alte Leute oder arrogante Schnösel. In ihrem jetzigen Wohnhaus sind jedenfalls alle freundlich und hilfsbereit. Und dann die Umgebung – todlangweilig. Kein Geschäft, kein Restaurant, im Gegensatz zu ihrem quirligen Stadtteil. Sie könnte auch nicht mal eben schnell Freunde besuchen, die in der Nähe wohnen, oder im nahe gelegenen Park joggen. Sophie fallen noch eine ganze Reihe weiterer Nachteile ein. Am Ende ist sie ganz zufrieden mit ihrem Status quo. Der Neid hat sich in Dankbarkeit für das verwandelt, was sie besitzt.

Undank schadet

In der Verhaltenspsychologie weiß man, dass man ein erwünschtes Verhalten erreicht, indem man es positiv bestärkt. Angenommen, Sie möchten, dass Ihre Teenager-Kinder mehr im Haushalt mithelfen. Dann sollten Sie sie jedes Mal loben, sobald sie ihr Frühstücksgeschirr eigenhändig in die Spülmaschine stellen. Auf diese Weise erhöhen Sie die Wahrscheinlichkeit, dass sie das gerne wiederholen. Meckern Sie dagegen: »Immer lasst ihr euer Geschirr herumstehen«, verringern Sie die Chance auf ihre freiwillige Aktivität. Übertragen auf Dankbarkeit bedeutet das: Je dankbarer wir uns zeigen, desto lieber wird man uns auch in Zukunft einen Gefallen tun oder eine Freude machen. Reagieren wir dagegen undankbar, beschließen die Geber: Von mir kriegt die (der) nichts mehr. Wer glaubt, bei Undankbarkeit handele es sich lediglich um ein unhöfliches Verhalten, das man auch souverän übersehen kann, täuscht sich. Es bedeutet im zwischenmenschlichen Bereich eine Zurückweisung, die selbst bei kleinen Anlässen wahrgenommen und negativ verbucht wird. Die Folgen für den undankbaren Menschen sind dann oft gravierend:

- Undank macht im sozialen Leben einsam: Undankbare Menschen kreisen vor allem um sich selbst. Sie haben wenig Gespür dafür, was ihre Mitmenschen brauchen. Ohne Empathie kann jedoch keine Nähe entstehen. Das sind schlechte Bedingungen für eine Freundschaft.

Irene, 25, Studentin, lässt sich von ihrer ebenfalls studierenden Freundin Elsa gerne zum Essen oder zum Kaffee einladen. »Die hat doch von zu Hause genügend Geld«, sagt sie. Sie macht keine Anstalten, sich zumindest mit ihren Mitteln zu revanchieren, sondern nimmt das als selbstverständlich hin. Inzwischen zieht sich Elsa von ihr zurück, weil sie sich ausgenutzt fühlt.

- Undank verursacht Frustration: Keinen Dank zu erhalten ist besonders ärgerlich, wenn man sich freiwillig für andere engagiert. Dann kommt man sich am Ende wie ein Depp vor und stellt die altruistischen Aktivitäten ein.

Manfred, 52, ist Eigentümer einer Altbauwohnung. Im Haus gibt es immer mal wieder etwas zu tun, für das man nicht gleich einen Handwerker einbestellt. Die übrigen Bewohner kümmern sich dann nicht weiter darum. Seit Tagen ist mal wieder eine Glühbirne im Treppenhaus defekt. Also steigt Manfred auf die Leiter und ersetzt die Birne. Zufällig kommt einer der Hausbewohner vorbei. Anstatt sich zu bedanken, sagt er nur spöttisch: »Na, spielen Sie wieder den Hausmeister?« Manfred ist sauer. »Für die mache ich nichts mehr«, schimpft er.

- Undank torpediert beruflichen Erfolg: Vieles im Job beruht auf Tausch, auf Geben und Nehmen. Das mag berechnend klingen, hat aber in der Geschäftswelt durchaus seine Bedeutung. Wer anderen im Berufsalltag etwas Gutes tut, erwartet als Dank meist eine Gegenleistung. Fällt diese aus, ist man bald von der kollegialen Unterstützung ausgeschlossen.

Isabell, 42, Unternehmensberaterin, hat einer Kollegin einen lukrativen Vortrag auf einem Kongress vermittelt. Später hört sie, dass diese Kollegin sie übergangen hat, als sie ihrerseits eine Veranstaltung zu vergeben hatte. Dem nächsten Kunden, der sie um eine Empfehlung bittet, nennt sie einen anderen Namen.

Die Todsünden der Undankbarkeit

In jedem Fall löst mangelnde Dankbarkeit ungute Gefühle aus. Das hat wohl jeder von uns schon einmal am eigenen Leibe erfahren. Dabei sind es vor allem drei Verhaltensweisen, die man als »Todsünden des Undanks« bezeichnen kann: Ignorieren, Arroganz und Geiz.

Sünde Nr. 1: Die Zuwendung ignorieren

Die schlimmste aller undankbaren Reaktionen ist – gar nicht zu reagieren. Das ist nicht nur kränkend, sondern geht der gebenden Person auch noch lange nach. Unser Gehirn verlangt nämlich danach, eine Handlung abzuschließen. Andernfalls beschäftigt es sich weiterhin damit. Ein Geben ohne Dank ist wie eine Melodie, bei der der Schlussakkord fehlt. Es bleibt uns als offene Situation im Gedächtnis.

Wenn die 13-jährige Enkelin den Brief ihrer Großmutter überfliegt und den einliegenden Geldschein einsteckt, ohne sich bei ihr zu melden, kann man ihr das vielleicht nachsehen. Das Mädel muss halt noch gutes Benehmen lernen. Aber Erwachsene sollten wissen, dass jede materielle oder immaterielle Gabe eine direkte Resonanz verlangt.

Verena, 41, Inhaberin einer Castingagentur, unterhält sich auf der Geburtstagsparty einer Freundin angeregt mit einer Frau. Man kommt auf einen Schauspieler am örtlichen Theater zu sprechen, den beide großartig finden. Verena hat zu Hause noch eine Freikarte für eine seiner Vorstellungen, zu einem Termin, den sie selbst nicht wahrnehmen kann. Sie verspricht, sie der Frau zu schicken, und notiert sich ihre Adresse. Gleich am nächsten Tag bringt sie die Freikarte zur Post. Und dann hört sie nichts mehr. Bis heute fragt sie sich, ob ihr Brief unterwegs verloren gegangen ist. Oder ob die Beschenkte sich vielleicht gedacht hat: »Das hat ja nichts gekostet, also muss ich mich auch nicht bedanken.« Sollte es tatsächlich das durchgängige Verhalten dieser Frau sein, Geschenke kommentarlos anzunehmen, lässt sich hochrechnen, wie häufig und gerne sie auf die Dauer von anderen etwas bekommen wird.

Sich zu bedanken gilt nicht nur für große Zuwendungen, sondern auch für kleine. Tatsächlich gibt es vieles, das wir gerne annehmen, ohne es besonders zu würdigen: Ermutigende Worte. Ein inspirierendes Gespräch. Einen Buchtipp. Ein Rezept, das sich als besonders lecker erweist. Eine gute Adresse. Eine Vermittlung, bei der jemand gesagt hat: »Sie können sich gerne auf mich berufen.« Eine Einladung. Einen Brief oder eine Mail mit einem lieben Gruß. Eine schnelle Antwort auf eine Anfrage.

Natürlich müssen wir nicht für jede Gefälligkeit gleich mit Blumen vor der Tür stehen. Es geht vielmehr darum, die Zuwendung deutlich wertzuschätzen. Etwa anzurufen und zu berichten: »Ich möchte mich noch mal bedanken, dass du mir deine Zeit geschenkt und zugehört hast. Mir geht es jetzt schon viel besser« oder: »Dass ich mich auf Sie berufen durfte, war sehr hilfreich. Ich möchte Sie wissen lassen, dass ich den Job bekommen habe«.

Sünde Nr. 2: Das Geschenk huldvoll entgegennehmen

Manche Menschen gehen davon aus, dass ihnen Zuwendung einfach zusteht, vielleicht weil sie so bekannt, beliebt oder wohlhabend sind. Doch das ist ein Irrtum. Was man uns freiwillig gibt, ist ein persönliches Geschenk und sollte auch entsprechend gewürdigt werden. Es als gebührendes Verhalten zu betrachten, ist überheblich – und damit nicht gerade die beste Voraussetzung für das Knüpfen guter Kontakte.

Mir ist dazu ein Beispiel lebhaft in Erinnerung: Ein bis dato unbekannter Autor schaffte es mit einem Ratgeber auf die Bestsellerliste. Sein Buch gefiel mir sehr. Weil ich es schreibenden KollegInnen gerne mitteile, wenn ich von ihrem Werk begeistert bin, beschloss ich spontan, diesem Mann als Dankeschön für seine inspirierenden Ausführungen eine Freude zu bereiten. Ich besorgte also ein besonderes Buch zu seinem Thema, von dem ich annahm, dass es ihn interessieren würde. Ich verpackte es nett und schickte es mit ein paar freundlichen Zeilen an seine Adresse. Ich staunte nicht schlecht, als ich einige Zeit später das Antwortschreiben bekam. Seine Sekretärin richtete mir aus, Herr X habe meine Gabe wohlwollend entgegengenommen. Er werde vermutlich demnächst im Urlaub hineinschauen, falls er denn Zeit fände. Geht's noch? Der Mann sank augenblicklich in meiner Achtung.

Sünde Nr. 3: Den Dank knapp halten

Zuwendung und Dank müssen in einem ausgewogenen Verhältnis zueinander stehen. Geizig zu reagieren ist oft genauso schlimm, als sich überhaupt nicht zu bedanken. Die gebende Person fühlt sich dadurch missachtet und vor den Kopf gestoßen. Unwillkürlich fragt sie sich: Wird mein Einsatz so gering geschätzt?

Eine Freundin von Hella, einer 54-jährigen Lehrerin, wohnt auf dem Land. Eine Zeit lang muss sie einmal in der Woche zu einer medizinischen Behandlung nach Hamburg. Hella bietet ihr an, sie könne jeweils an dem Tag bei ihr im Gästezimmer übernachten. Sie umsorgt ihren Gast liebevoll. Nach drei Monaten ist die Therapie der Freundin abgeschlossen. Zum Dank bringt sie Hella beim letzten Treffen eine kleine Topfpflanze vom Discounter mit.

Damit kein Missverständnis entsteht: Es muss keineswegs immer ein teures Geschenk sein, mit dem wir unseren Dank ausdrücken. Oft ist das Resultat von Einfühlungsvermögen und Fantasie weitaus wirkungsvoller als eine große Ausgabe, weil man merkt: Hier hat sich jemand überlegt, womit er Freude machen kann.

Jonathan, 45, ist Schriftsteller. An einem Wochenende sitzt er am Computer und arbeitet an einem Manuskript mit dringendem Abgabetermin. Plötzlich streikt das Textprogramm. Verzweifelt klingelt er bei seinem Nachbarn, einem Informatiker, und bittet ihn um Hilfe. Der Experte kriegt das Problem schnell geregelt. Jonathan ist erleichtert. Er hat nicht viel Geld zur Verfügung, um sich zu bedanken. Aber er weiß, dass sein Nachbar ein großer Katzenliebhaber ist, schließlich hält er zwei Siamkater in seiner Wohnung. Auf der Suche nach einem Geschenk entdeckt Jonathan in einem Antiquariat ein Buch über die Sprache der Katzen. Das kostet ihn nur ein paar Euro, löst aber bei dem Nachbarn große Freude aus.

Es ist wichtig, dass unser Dank dem Niveau des erwiesenen Gefallens entspricht. Ob er dabei auf materielle oder immaterielle Weise abgegolten wird, spielt keine Rolle. Er kann auch in Zeit, Unterstützung oder Inspiration bestehen. Selbst denjenigen, die glauben, sie hätten absolut nichts als Gegenleistung zu bieten, ist es immerhin möglich, ihre positiven Gefühle zu zeigen und ausführlich und wertschätzend darüber zu sprechen, was ihnen die Zuwendung bedeutet.

Im Umgang mit anderen ist Undankbarkeit mehr als nur eine gewisse Lässigkeit. Es ist eine Missachtung, die wir uns nicht erlauben dürfen. Zwar ist nicht jeder nachtragend wie ein alter Elefant, doch ein bisschen bleibt immer hängen und wirft einen Schatten auf die Persönlichkeit desjenigen, der sich nicht bedankt hat.

Undank als Lebenseinstellung

Undankbarkeit kann sich also auf ein konkretes Geben und Nehmen beziehen, sie kann sich aber auch als generelle Unzufriedenheit zeigen. Wir blenden aus, was wir an Gutem haben, und schauen stattdessen gebannt auf das, was uns nicht passt oder fehlt. Diese Art von Undankbarkeit macht uns nicht nur selbst unglücklich, wir stoßen auch andere Menschen damit ab. Wer begegnet schon gerne einem Nörgler?

Etwa so einem wie Klaus, 65, der als Besitzer mehrerer Immobilien ein sorgenfreies Leben führt. Trotzdem beklagt er sich ständig. Schon morgens beschwert er sich über das fürchterliche norddeutsche Wetter. Dann kommt er nahtlos auf die Finanzmisere zu sprechen. Die Banker seien alles Gangster, genau wie unsere regierenden Politiker. Anschließend jammert er darüber, dass die Handwerker auch immer schlampiger würden. In seiner Wohnung hätten sie den Fußboden nicht ordentlich verlegt. Bevor er noch auf seine labile Gesundheit zu sprechen kommt, sucht jeder, dem er begegnet, das Weite.

Natürlich könnte man jetzt einwenden: Wenn wir nur auf das schauen, was in unserem Leben prima läuft, entwickeln wir uns nicht weiter. Dann fehlt uns die Energie, etwas am Status quo zu ändern, und wir treten selbstzufrieden auf der Stelle. Doch das ist nicht der Fall, wie Untersuchungen dazu ergaben. Dankbar zu sein bedeutet nämlich nicht, dass wir uns bequem im Sessel zurücklehnen und uns keine Ziele mehr setzen. Es bedeutet vielmehr, dass wir uns eine solide emotionale Plattform für unsere Aktivitäten schaffen. Dankbarkeit hilft uns, dass wir uns gelassener um das bemühen, was wir haben möchten. Weil wir wissen, dass unser Leben ohnehin viel Gutes enthält, sind wir weniger verkrampft bei der Verfolgung unserer Ziele. Paradoxerweise haben wir dadurch eine größere Chance, sie zu erreichen. Im Sport weiß man längst, dass bei Wettkämpfen die sogenannte mittlere Motivation für die AthletInnen am vorteilhaftesten ist. Zeigen sie zu wenig Ehrgeiz, bleibt der Erfolg aus. Wünschen sie sich dagegen den Sieg zu stark, wirkt das wie eine Bremse. Sie setzen sich so unter Erfolgsdruck, dass sie gravierende Patzer machen. Die beste Voraussetzung, zu gewinnen, ist eine aufmerksame, aber gleichzeitig entspannte Haltung. Dankbarkeit vermittelt uns eine solche gelassene Einstellung. Und vor allem: Wir sind schon glücklich, bevor wir weitere Ziele erreicht haben, und müssen nicht auf eine unsichere Zukunft hoffen. Die australische Autorin Rhonda Byrne sagt: »Es ist unmöglich, mehr in Ihr Leben zu bringen, wenn Sie nicht dankbar sind für das, was Sie haben. Warum? Weil die Gedanken und Gefühle, die Sie aussenden, wenn Sie undankbar sind, durchweg negative Emotionen sind. Seien es Eifersucht, Groll, Unzufriedenheit oder das Gefühl, nicht genug zu haben – sie alle können Ihnen nicht bringen, was Sie wollen.«

Eine dankbare Einstellung entwickeln

Ziehen wir Bilanz: Undank verhindert eine gute Verbindung zu unseren Mitmenschen. Wenn wir uns nicht angemessen für eine Zuwendung bedanken, fühlen sie sich frustriert, ausgenutzt und abgewertet. Eine undankbare Grundhaltung macht unattraktiv, denn niemand ist gerne mit einem unzufriedenen Menschen zusammen. Zudem führt sie zu Neid, Verbitterung und anderen negativen Gefühlen. Dankbarkeit hat dagegen viele Vorteile: Indem wir anderen durch Dankbarkeit Respekt erweisen, werden wir von ihnen positiv wahrgenommen. Damit erhöhen sich die Chancen, wiederum selbst beschenkt zu werden, sei es materiell oder ganz praktisch in Form von Unterstützung, Hilfe, Förderung und Information. Wenn wir Dankbarkeit zu einer grundsätzlichen Einstellung machen, fühlen wir uns in jeder Situation reich – wobei es wohlgemerkt nicht darauf ankommt, was wir tatsächlich besitzen, sondern wie wir dazu stehen. Auf diese Weise strahlen wir ein Gefühl von Fülle aus, das auf unsere Umgebung anziehend wirkt. Dankbarkeit macht glücklich, auch wenn sich unsere Wünsche noch nicht erfüllt haben. Wir müssen unser Glück nicht auf bessere Zeiten vertagen, weil es uns jetzt schon gut geht.

Ganz klar, im Vergleich gewinnt die dankbare Lebensform. Also schalten wir jetzt aus guten Gründen von unserem angeborenen Pessimismus darauf um? Schön wäre es, wenn das so leicht ginge. Dankbarkeit ist aber nichts, was man sich mal eben so vornimmt – obwohl der Entschluss dazu ein guter Start ist. Dankbarkeit ist eine Grundhaltung, die wir erst erwerben müssen. Robert Emmons, Psychologieprofessor an der University of California und führender Forscher zum Thema Dankbarkeit, sagt: »Wenn wir nicht den bewussten Versuch unternehmen, uns eine dankbare Weltsicht aufzubauen und aufrechtzuerhalten, dann rutschen wir automatisch in negative emotionale Denkmuster ab und halten das Gute für selbstverständlich. Diese naturgegebene Tendenz zur Fahrlässigkeit kann nur durch bewusste Denkprozesse überwunden werden.«

Dankbarkeit muss also konsequent trainiert werden. Wie bei einem sportlichen Trainingsprogramm gibt es auch hierzu Übungen, die uns in Sachen Dankbarkeit fit machen und schneller ans Ziel bringen. In dem Punkt können wir uns auf WissenschaftlerInnen verlassen, die erforscht haben, wie sich eine dankbare Haltung erfolgreich erreichen lässt.

Ein Dankbarkeits-Tagebuch führen

Professor Emmons hat in zahlreichen Studien untersucht, welche Auswirkungen eine dankbare Geisteshaltung auf das Glücksempfinden hat. So führte eine Gruppe von Versuchspersonen zehn Wochen lang ein Tagebuch, in das sie regelmäßig Erfahrungen aus ihrem Alltag eintrugen, für die sie dankbar waren. Sie listeten etwa Dinge auf wie »Dass meine Familie gleich um die Ecke wohnt« oder »Der wunderbare Sonnenuntergang gestern Abend«. Eine zweite Gruppe wurde angewiesen, genau das Gegenteil zu tun. Statt sich auf die guten Aspekte des Lebens zu konzentrieren, sollten die Probanden Probleme aufzählen, mit denen sie täglich konfrontiert waren. Das fiel ihnen erstaunlich leicht. Auf ihrer Mängelliste fanden sich Punkte wie »Man kriegt so schwer einen Parkplatz« oder »Keiner hat die schmutzige Küche sauber gemacht«.

Der Vergleich war beeindruckend: Die Gruppe mit den Dankbarkeitsprotokollen fühlte sich um volle 25 Prozent glücklicher als die Meckergruppe. Sie sah optimistischer in die Zukunft und war in weitaus besserer körperlicher Verfassung.

Damit geben uns die Untersuchungen von Emmons einen praktischen Hinweis, wie sich Dankbarkeit erhöhen lässt. Indem wir wie seine Versuchspersonen notieren, wofür wir täglich dankbar sind, können wir uns die guten Dinge bewusster machen. Hier ist dazu eine Anleitung:

Schaffen Sie sich einen Kalender an, in dem jeweils ein Tag auf einer Seite steht, damit Sie genug Platz für Ihre Notizen haben. Legen Sie ihn mit einem Stift griffbereit neben Ihr Bett. Lassen Sie vor dem Schlafengehen den Tag Revue passieren. Bleiben Sie dabei nicht bei den weniger schönen Ereignissen hängen, sondern konzentrieren Sie sich ausschließlich auf die positiven Vorkommnisse. Die müssen keineswegs spektakulär sein. In Ihrem Kalender kann etwa stehen: »Im Supermarkt einen leckeren Käse gekauft« oder »Ein Kompliment von meiner Kollegin bekommen«. Wichtig ist, keinen Tag auszulassen. Notfalls tragen Sie die Erlebnisse am nächsten Morgen nach. Ich habe diese Methode über einige Monate ausprobiert. Jeden Abend trug ich in einen Taschenkalender in Stichworten die großen und kleinen erfreulichen Dinge ein. Was mich dabei immer wieder verblüffte: Wenn mir tagsüber etwas Gutes passierte, nahm ich das in dem Augenblick zwar durchaus wahr, aber schon bald verflüchtigte sich das positive Gefühl und war mir nicht mehr präsent. Erst als ich mich beim Aufschreiben am Abend wieder daran erinnerte, wurde mir bewusst, wie viel Schönes mir tatsächlich begegnet war. Hätte man mich ohne diese Rückbesinnung gefragt: »Wie war dein Tag?«, dann hätte ich sicher geantwortet: »Ganz normal, halt der übliche Stress.«

Ich kann also aus eigener Anschauung bestätigen, dass mit dieser Übung die Wahrnehmung des Guten wächst und sich über die Dankbarkeit das Glücksgefühl erhöht.

Dankbarkeit durch Selbsterfahrung

Eine weitere Möglichkeit, die eigene Dankbarkeit zu steigern, hat der Japaner Ishin Yoshimoto entdeckt. In den Vierzigerjahren entwickelte er dazu eine Methode, die er »Naikan« nannte. Übersetzt bedeutet das: »Sich selbst mit dem geistigen Auge betrachten.« Yoshimoto war der Ansicht, dass wir durch eine intensive Prüfung unserer Lebensumstände eine tiefe Dankbarkeit entwickeln. Tatsächlich können wir durch gründliche Selbsterfahrung herausfinden, welche Schätze wir bereits besitzen – und zwar nicht nur materielle, sondern auch geistige. Dazu müssen wir nicht einmal zu einem Naikan-Retreat nach Japan reisen. Es reicht, sich einmal die Zeit zu nehmen, die einzelnen Bereiche unseres Lebens unter dem Aspekt zu betrachten: Wofür kann ich dankbar sein? Für Menschen, Dinge und das Leben selbst.

Dankbar für Menschen

Wir leben nicht wie Robinson Crusoe auf einer einsamen Insel, sondern sind mit anderen Menschen verbunden. Tatsächlich umgeben uns schon allein in unserer Wohnung Hunderte von Dingen, die andere für uns gemacht haben – vom Couchtisch bis zum Geschirr im Küchenschrank, ebenso wie unsere Kleidung und Nahrung. Wir müssen den Herstellern keine Dankesmail schicken, aber sich gelegentlich klarzumachen, dass andere in den Fabriken oder auf den Feldern für uns gearbeitet haben, ist in puncto Dankbarkeit durchaus nützlich.

Näher stehen uns diejenigen Menschen, mit denen wir direkten Kontakt hatten oder noch haben. Vielleicht gönnen wir uns an einem Wochenende eine Stunde dafür, uns an alle diejenigen zu erinnern, die uns von Kindheit an bis heute für eine gewisse Zeit begleitet, uns unterstützt und gefördert haben. Bei oberflächlicher Betrachtung glauben wir meist, es seien höchstens eine Handvoll. Sobald wir jedoch sorgfältiger hinschauen, entdecken wir viel mehr, als uns zunächst bewusst war. Das reicht etwa von dem freundlichen Lehrer in der Grundschule bis zur Teamleiterin, die uns ein großes Projekt anvertraut hat. Mit großer Wahrscheinlichkeit werden bei dieser Übung vor unserem inneren Auge am Ende zahlreiche unterstützende Personen auftauchen.

Katja, eine 42-jährige Grafikerin, ist davon überzeugt, dass in ihrer schweren Kindheit und Jugend höchstens zwei, drei Personen eine positive Rolle gespielt haben. Doch als sie die

Augen schließt und im Geiste zurück in frühere Zeiten geht, sieht sie als Erstes einen Nachbarsjungen, der die kleine Katja immer verteidigt hat, wenn die anderen Kinder sie hänselten. Ihr fällt auch ein netter Zahnarzt ein, in dessen Praxis sie als Sechsjährige war. Er hat sich mit ihrem Teddy, den sie zur Verstärkung mitgenommen hatte, unterhalten. Sie hört seine Stimme: »Hallo Teddy, sag deiner Freundin Katja, dass sie bei mir keine Angst zu haben braucht.« In Katjas Erinnerung tauchen immer mehr Menschen auf, für die sie dankbar sein kann. »Das hätte ich nicht gedacht«, sagt sie erstaunt, als sie die Augen wieder öffnet.

Wer nicht so viel Zeit oder Lust hat, sich bis in die Kindheit zurückzuversetzen, kann sich auch einen kürzeren Zeitraum vornehmen, zum Beispiel die letzten fünf Jahre. Dazu kann man im Schnellverfahren die folgenden Sätze ergänzen:

Ich hätte es nie dahin geschafft, wo ich heute bin ohne ....

Ich verdanke .... sehr viel.

.... unterstützt(e) mich sehr.

Auf .... konnte/kann ich mich immer verlassen.

Mein beste Lehrerin (Mentorin, Coach) war/ist ....

Mein bester Lehrer (Mentor, Coach) war/ist ....

Mein Vorbild war/ist ....

Ich wurde/werde von .... geliebt.

Anschließend schauen Sie sich die Notizen an. Mich würde es nicht wundern, wenn dabei der Impuls auftaucht, sich bei der einen oder anderen Person zu bedanken. Das sollten Sie dann auch tun. Wir sagen anderen viel zu wenig, wie froh wir sind, dass es sie in unserem Leben gibt oder gegeben hat.

Dankbar für Dinge

In einem Ratgeber zum Thema Reichtum habe ich die Aufforderung gefunden, man solle durch die eigene Wohnung gehen und zusammenrechnen, wie viele Werte sich bereits darin befinden. Wir fangen beispielsweise im Wohnzimmer an und überschlagen dabei im Kopf, was der Teppich, die Polstergarnitur, die Bilder an der Wand, der Fernseher und die übrige Ausstattung gekostet haben. In der Küche errechnen wir dann den Preis für die Küchengeräte, das Geschirr und das Mobiliar. Auf diese Weise sehen wir uns sämtliche Zimmer an. Am Ende ergibt sich eine hübsche Summe, die wohl jedem klarmacht, dass er doch wesentlich wohlhabender ist, als er gedacht hat. Das gilt selbst dann, wenn die Räume nicht mit Antiquitäten oder Designerteilen bestückt sind. Die Performancekünstlerin Marina Abramović gab ihren StudentInnen die Aufgabe, jeden einzelnen Gegenstand aufzuschreiben, den sie besitzen. Einige brauchten dazu drei Monate.

Ziel der Übung ist, sich bewusst zu machen, wie reich man bereits ist. Dieser Rundgang lässt sich aber auch unter dem Aspekt durchführen, für welche Dinge wir dankbar sein können. Etwa für unser bequemes Bett, den funktionstüchtigen Computer, das gemütliche Sofa, die Kaffeemaschine, den warmen Wintermantel und die Vorhänge, die nachts das grelle Licht von der Straße abhalten.

Wo wir schon mal dabei sind, können wir auch Orte in unseren Dankbarkeits-Rundgang einbeziehen: den Park, in dem wir morgens joggen, das Fitnessstudio, das Schwimmbad in der Nähe, die Bibliothek, in der wir unsere Bücher ausleihen.

Es lohnt sich durchaus, einmal die Dinge und Orte mit Wertschätzung zu betrachten, die wir täglich zur Verfügung haben. Meist registrieren wir sie erst, wenn sie nicht mehr funktionieren oder wenn wir vor verschlossener Türe stehen.

Vielen Dank für alles!

In einem TV-Comic soll der halbwüchsige Sohn der Familie am Mittagstisch ein Tischgebet sprechen. Rotzig sagt er: »Lieber Gott, mein Vater hat das Geld für die Lebensmittel verdient, meine Mutter hat das Essen gekocht – vielen Dank für gar nichts. Amen.« So kann man es natürlich sehen. Wesentlich sinnvoller ist es jedoch, ganz im Gegenteil zu sagen: vielen Dank für alles. Uns wird nämlich so unglaublich viel geschenkt, dass wir es gar nicht aufzählen können: Morgens geht die Sonne auf. Es gibt zuverlässig die vier Jahreszeiten. Unser Wunderwerk Körper verarbeitet unsere Nahrung ...

Aber mal ehrlich, wer läuft deshalb schon den ganzen Tag mit einem glücklichen Lächeln und Dankbarkeit im Herzen durch die Gegend? Meist ist es gar nicht das große Unglück, das uns daran hindert, dankbar zu sein, sondern es sind vielmehr die kleinen alltäglichen Widrigkeiten. Sobald wir unter Zahnschmerzen leiden oder Steuern nachzahlen müssen, ist Dankbarkeit garantiert erst einmal nicht das, was in uns aufsteigt. Wir sind frustriert, unzufrieden, wütend oder deprimiert. Uns gehen eher Gedanken durch den Kopf wie »Ausgerechnet jetzt, wo ich den wichtigen Termin habe.« – »Die zocken mich mal wieder richtig ab.« – »Warum eigentlich immer ich?« Das ist sehr verständlich. Trotzdem lohnt es sich, eine Opferhaltung zu vermeiden. Sie bringt uns in schlechte

Stimmung, ändert aber nichts am gegenwärtigen Zustand. Glücklicherweise gibt es sogar für solche Fälle ein wirkungsvolles Mittel, sich Dankbarkeit – und damit auch Seelenfrieden – zu erhalten: indem wir unsere Perspektive ändern.

Die Perspektive ändern

Eine gute Möglichkeit, auch im Unglück eine dankbare Sichtweise einzunehmen, ist es, sich zu fragen: Was ist *nicht* passiert? Das sollten wir immer wieder durchspielen, auch wenn es zugegebenermaßen manchmal ziemlich schwerfällt.

Davon bekam ich kürzlich eine Kostprobe. Vor meinem Büro war ein Unfall passiert. Der Fahrer eines Jaguars hatte die Vorfahrt nicht beachtet und ein Lieferwagen war ihm in die Seite gefahren. Gott sei Dank hatte es keinen Personenschaden gegeben, aber der Jaguar war schwer beschädigt. Die Polizei war auch schon da. Völlig fertig stand der Jaguar-Besitzer neben seinem arg verbeulten Auto und starrte trübsinnig vor sich hin. Ich wollte den armen Mann aufmuntern und sagte tröstend: »Seien Sie froh, dass wenigstens niemand verletzt worden ist.« Darauf funkelte er mich böse an: »Ist ja wohl schlimm genug, dass mein Wagen kaputt ist!«

Es ist eben immer eine Frage des Blickwinkels, ob man dankbar ist oder nicht. Checken Sie doch mal, wie Ihre Einstellung in diesen Fällen ist.

Kleiner Test für Ihre Perspektive

Ihnen rutscht ein Topf mit kochend heißer Suppe aus den Händen.

a) Sie sind sauer, dass Sie jetzt die ganze Schweinerei aufwischen müssen.

b) Sie sind heilfroh, dass Sie sich mit der heißen Suppe nicht die Beine verbrüht haben.

Sie bekommen nur eine Vier in einer schweren Prüfung.
a) Sie sind geknickt, dass Sie keine bessere Note geschafft haben.
b) Sie sind froh, dass Sie nicht durchgefallen sind.

Sie stürzen mit dem Fahrrad. Das Vorderrad ist verbogen, Sie haben ein paar blaue Flecke.
a) Sie hadern damit, dass Sie über die hohe Bordsteinkante gefahren sind und nicht bis zur Absenkung gewartet haben.
b) Sie sind froh, dass Sie sich dabei nicht die Knochen gebrochen haben.

Unangenehme Erlebnisse sind wahrhaftig kein Grund zum Jubeln. Wenn Sie jedoch Ihre Aufmerksamkeit auf das richten, was außerdem hätte passieren können, aber nicht eingetreten ist, dann können Sie sogar Unglücksfälle in eine Übung zur Dankbarkeit verwandeln.

Schauen Sie mal nach unten

Eine weitere Methode, sich Dankbarkeit zu erhalten: Sehen wir auf diejenigen, die (noch) schlechter dran sind als wir.

Wenn Sie demnächst versucht sind, sich benachteiligt zu fühlen, dann jammern oder schimpfen Sie nicht. Denken Sie stattdessen an Menschen, die sogar froh wären, in Ihrer Lage zu sein. Oder malen Sie sich Umstände aus, unter denen es Ihnen wahrhaftig schlimmer ergehen würde.

- Sie müssen Steuern zahlen? Freuen Sie sich, dass die korrekt abgerechnet werden und Sie nicht in einem korrupten Staat leben.

- Sie haben Zahnschmerzen? Zum Glück haben Sie einen guten Zahnarzt und leben nicht im Mittelalter, wo Ihnen ein Quacksalber auf dem Dorfplatz ohne Betäubung Ihren Zahn gezogen hätte.
- Sie stehen im Regen und warten auf den Bus? Ein schwer kranker oder gelähmter Mensch würde liebend gerne mit Ihnen tauschen. Das schlechte Wetter wäre ihm sicher völlig egal.

Vor Jahren machte ich mit meinem Mann eine Rucksackreise durch Indien. Wir bewegten uns mit öffentlichen Verkehrsmitteln durchs Land. Besonders die Bahnfahrten waren ein spezielles Erlebnis: Man musste sich schon drei Tage vorher für einen bestimmten Zug anmelden, sonst hatte man keine Chance, mitzukommen. Die Züge waren immer völlig überfüllt. Wer keinen Platz mehr fand, kletterte aufs Dach – eine höchst gefährliche Angelegenheit – oder hängte sich von außen an die Abteiltür. An dieses Erlebnis erinnere ich mich bewusst, wenn es mal wieder Probleme mit der Bahn gibt. Wie etwa neulich, als ich im Zug nach Frankfurt wegen eines Defektes eine Stunde festsaß. Ich sagte mir: »Du sitzt in einem komfortablen Abteil, hast es warm und trocken. Also, was soll's, kein Grund zur Aufregung.« Dank einer Veränderung der Sichtweise blieb ich einigermaßen gelassen. Von der amerikanischen Schriftstellerin Helen Keller, die selbst schwerbehindert war, stammt das Zitat: »Ich weinte, weil ich keine Schuhe hatte, bis ich jemanden traf, der keine Füße hatte.« In diesem Sinne tut es uns gut, dass wir uns immer wieder bewusst machen, wie dankbar wir für das sein können, was wir haben.

Dankbarkeit zeigen

Wenn wir ein dankbares Lebensgefühl entwickelt haben, dürfte es uns eigentlich nicht schwerfallen, anderen unseren Dank abzustatten. Schließlich sind wir im Training, zu erkennen, was uns Gutes widerfährt. Genau darin besteht der erste Schritt auf dem Weg zu einem dankbaren Verhalten gegenüber unseren Mitmenschen. Insgesamt sind es drei innere Vorgänge, die wir bewältigen müssen:

1. Wir nehmen wahr, dass es sich um etwas Gutes handelt. Das geschieht auf der Ebene des Verstandes.
2. Wir sind bereit, anzuerkennen, dass wir etwas Gutes bekommen haben. Das geschieht auf der Ebene des Willens.
3. Wir messen dem einen Wert bei. Das geschieht auf der emotionalen Ebene.

Der Dankbarkeitsforscher Robert Emmons sagt: »Nur wenn alle drei Ebenen vereint sind, ist vollständige Dankbarkeit erreicht.« Er fasst das zu einer Definition zusammen: »Dankbarkeit ist das wissende Bewusstsein, dass uns Güte zuteilwurde.«

Nun bleibt uns noch, diesem Bewusstsein auch Ausdruck zu verleihen. Gehen wir gleich gründlich vor. Gewiss gibt es einige Menschen, die längst unseren Dank verdienen. Deshalb ist zum Start eine Übersicht nützlich: Mit wem haben wir es im Privatleben und im Beruf häufig zu tun? Welcher dieser Personen möchten wir danken?

Wahrscheinlich machen wir das intuitiv richtig, doch es ist durchaus nützlich, dazu einige grundlegende Regeln zu kennen. Dann dürfen wir sicher sein, dass unser Dank die Empfänger wirklich erfreut. Das gilt vor allem für Geschenke, aber auch für verbalen Dank.

Den Dank vorbereiten

Profis überlegen, worüber sich jemand freuen könnte, schon bevor ein Dank aktuell ist. Sie legen sich auf ihrem Smartphone, ihrem Computer oder auf Karteikarten eine Liste an, was diejenigen besonders mögen oder gerade nicht.

Auf diese Weise weiß Bettina, 49, Innenarchitektin und geschickte Netzwerkerin, dass ihre Kollegin Maren fürs Theater schwärmt und ihr Kunde Udo gerne Schach spielt, dass ihr Patenkind Mia interessante Steine sammelt und ihre Mitarbeiterin Kim am liebsten weiße Schokolade isst. Wenn sie sich für eine Gefälligkeit bedanken will, schaut sie auf ihre Notizen und hat gleich die passende Idee für ein Präsent.

Sie ist auch darüber informiert, dass ihr Schwager Jens Vegetarier ist und ihre Nachbarin Corinna keinen Alkohol trinkt. Gut zu wissen, denn dann bringt sie Jens, der ihr beim Umzug geholfen hat, aus dem Delikatessenladen keinen italienischen Schinken mit und bedankt sich bei Corinna, die am Wochenende manchmal ihre Katze füttert, nicht mit einer Flasche Wein.

Den passenden Stil wählen

Wie sich jemand kleidet und sein Heim gestaltet, sagt viel über seinen persönlichen Geschmack aus, ob er Buntes und Verspieltes liebt, es romantisch, puristisch, edel, elegant oder praktisch mag. Wenn wir uns mit einem Geschenk bedanken, sollten wir uns immer am Stil des Empfängers orientieren, der sich an seiner Kleidung und seiner Umgebung ablesen lässt. Das ist keineswegs selbstverständlich. Meist schenken wir nämlich, was wir selbst gerne hätten und was uns gefällt. Das kann ziemlich danebengehen.

Viola, 39, Stimmtherapeutin, muss sich mühsam ein Lächeln abringen, als ihr eine dankbare Patientin einen Schal im Flamenco-Stil mit Rosenmuster und Fransen überreicht. Er entspricht dem, was diese selbst gerne trägt. Ein einfühlsamer Blick auf Violas klassische Kleidung hätte der Dame sagen müssen, dass hier etwas nicht zusammenpasst.

In der Werbung richtet man sich prinzipiell nach dem Spruch: Der Köder muss dem Fisch schmecken, nicht dem Angler. Das gilt auch für den Dank. Ausschlaggebend ist nicht, was wir selbst schön finden, sondern was dem oder der Beschenkten entspricht. Das heißt allerdings nicht, dass wir uns völlig verleugnen müssen. Immerhin sollten wir hinter unserem Geschenk stehen können. Niemand zwingt uns, etwas zu verschenken, das wir selbst abscheulich finden. Es geht lediglich darum, den jeweiligen Stil zu berücksichtigen. Dabei hilft die schlichte Frage: Passt dieser Gegenstand zu der Person?

Die Verhältnismäßigkeit wahren

Wie negativ sich ein mickriges Geschenk auswirkt, haben wir bereits unter dem Stichwort »Undank« besprochen. Geiz ist in diesem Punkt niemals geil. Doch auch das Gegenteil kann für den Empfänger unangenehm sein: wenn die Größe und der Wert des Geschenkes in keinem Verhältnis zu dem erwiesenen Gefallen stehen.

Dorit, 34, Übersetzerin, hat einem Bekannten den Gefallen getan, einen kurzen Brief in spanischer Sprache für ihn zu verfassen, ein Zeitaufwand von einer halben Stunde. Am nächsten Tag taucht der Mann mit einem sündhaft teuren Parfum auf. Dorit ist irritiert, zum einen wegen der doch recht persönlichen Gabe, vor allem aber wegen des überdimensionierten Geschenkes. Es ist ihr unangenehm, weil sie sich dadurch verpflichtet fühlt.

Ein zu großes Geschenk kann tatsächlich bedeuten: Ich möchte, dass du noch mehr für mich tust. Es kann aber auch als Angabe aufgefasst werden: Schau mal, wie großzügig ich bin. Besonders unangenehm ist es, wenn die beschenkte Person finanziell weniger gut gestellt ist. Dann hat es auch noch den Geschmack von Gönnerhaftigkeit: Du armes Hascherl hast es nötig. Um solche Empfindungen zu vermeiden, empfiehlt es sich, selbst wenn man äußerst dankbar ist, den Umfang der Zuwendung mit der Größe des Geschenks in Übereinstimmung zu bringen. In Dorits Fall wäre das eher ein Blumenstrauß oder eine Schachtel Pralinen gewesen.

Überschwänglichkeit vermeiden

Übertreibung kann sich nicht nur in einem zu üppigen Geschenk zeigen, sondern ist auch mit Worten möglich. Dann nämlich, wenn wir uns zu ausführlich und gleich mehrfach bedanken oder dem anderen die großartigsten Motive unterstellen.

Peter, 54, fuhr die Frau eines Kollegen in seinem Auto nach Hause, nachdem er sie zufällig im Regen an der Bushaltestelle hatte stehen sehen. Daraufhin rief sie ihn später an und bedankte sich noch einmal langatmig für sein äußerst liebenswürdiges Verhalten und seine unglaubliche Aufmerksamkeit. »Die hat mir die Ohren vollgesäuselt, das war mir komplett unangenehm«, sagte Peter. Es hätte gewiss gereicht, sich beim Aussteigen vor der Haustür herzlich für diesen Freundschaftsdienst zu bedanken.

Wer überschwänglich reagiert, zeigt Unsicherheit. Souveräne Menschen bedanken sich angemessen und ohne Übertreibung. Außerdem kann Übertreibung leicht devot wirken. Der andere bekommt dann schnell das Gefühl, man wolle sich einschmeicheln.

Spezifisch danken

Sie erinnern sich: Im Bereich Anerkennung gilt, dass Komplimente am besten wirken, wenn sie spezifisch formuliert werden: »Die Farbe deines Schals passt genau zu deinen Augen« statt »Du hast einen hübschen Schal an«. Das Gleiche gilt, wenn wir unseren Dank aussprechen. Auch hier sollten wir uns präzise äußern und genau beschreiben, was die Unterstützung des anderen für uns bedeutet.

Friederike, 48, Ingenieurin, ist zu einer Preisverleihung eingeladen. Jetzt rächt sich, dass sie sich nie viel aus schicker Kleidung gemacht hat – sie hat nichts Passendes anzuziehen. Deshalb bittet sie ihre modebewusste Freundin Sophie, mit ihr einkaufen zu gehen. Sophie gibt sich viel Mühe und zieht mit Friederike von einer Boutique zur nächsten. Schließlich finden sie einen eleganten Hosenanzug, in dem sich Friederike nicht verkleidet vorkommt. Erleichtert teilt sie Sophie mit, was ihr deren Unterstützung bedeutet: »Du hast mich gerettet. Ich bin in diesen Dingen so unerfahren, während du dich gut auskennst. Ich danke dir sehr, dass du mir deine Zeit geschenkt hast und dein Know-how. Du bist wirklich eine gute Freundin.« Sophie ist gerührt. Wie anders wäre es, wenn Friederike nur allgemein gesagt hätte: »Vielen Dank, das war nett von dir.«

Eine genaue Beschreibung dessen, wofür wir dankbar sind, zeigt dem anderen, dass wir genau wahrgenommen haben, was er für uns getan hat. Das schafft eine tiefe Verbindung.

Zeitnah danken

Von dem österreichischen Schriftsteller Ödön von Horváth stammt das Zitat: »Eigentlich bin ich ganz anders, nur komme ich so selten dazu.« Das lässt sich auch auf unsere Dankbarkeit übertragen: Oft wissen wir sehr wohl, dass ein Dank fällig ist, aber dann finden wir dafür doch wieder keine Zeit oder Gelegenheit, vertagen oder vergessen ihn. Der Nachbarin, die in unserer Abwesenheit oft Päckchen für uns annimmt, möchten wir dafür eigentlich mal eine Schachtel Pralinen mitbringen. Aber dann denken wir nicht mehr daran.

Noch wichtiger ist der zeitnahe Dank, wenn uns jemand einen großen Gefallen getan hat, uns etwa einen Job vermittelt oder uns eine schwierige Aufgabe abgenommen hat. Wenn wir in dem Fall mit einer dankbaren Rückmeldung warten, läuft im Kopf des anderen ein negativer Film ab. Er vermutet, sein Einsatz sei wohl als selbstverständlich angesehen worden. In der Zwischenzeit baut sich Ärger auf, den wir mit einem verspäteten Dank kaum noch abbauen können. Es bleibt immer etwas zurück. Von daher ist es sinnvoll, sich gleich zu bedanken und es nicht zu verschieben. Das hindert uns auch daran, es zu vergessen.

Dank erhalten

Bisher haben wir uns aus gutem Grund intensiv um unsere eigene Dankbarkeit gekümmert. Jetzt wird es endlich Zeit, sie auch von anderen zu bekommen. Geben und Nehmen sollte schließlich ausgewogen sein. Doch sogar hier ist zunächst ein Blick nach innen angebracht. In puncto Dankbarkeit gilt nämlich genauso wie für Anerkennung und Wertschätzung, dass unser Gegenüber spürt, ob wir danach hungern oder ob wir Souveränität ausstrahlen. Und was glauben Sie wohl, wem man lieber und spontan Dank erweist? Sicher nicht demjenigen, der gezielt darauf aus ist. Deshalb ist es sinnvoll, erst einmal zu prüfen, wie wir selbst zum Dank von anderen stehen: Ob wir ihn dringend brauchen, ihn vielleicht heimlich fordern – oder ob er für uns nur eine willkommene Resonanz ist.

Das Motiv entscheidet

Entscheidend ist, welches Motiv uns zum Handeln bewegt. Ein und dasselbe Verhalten kann nämlich auf völlig unterschiedlichen Beweggründen beruhen.

Jan, 49, und Frederik, 52, segeln in ihrer Freizeit. Jeder von ihnen besitzt ein Boot und ist Mitglied in einem Segelverein. Beide haben dort ein Ehrenamt übernommen. Jan leitet die Jugendgruppe und bringt den Kids das Segeln bei, Frederik organisiert die zahlreichen Regatten des Vereins. So weit die Parallelen. Aber: Jan engagiert sich, weil ihm viel daran liegt, dass schon Jugendliche Freude am Segeln finden. Für Frederik ist die Aufgabe als Regattaleiter eher eine Gelegenheit, sich in den Mittelpunkt zu stellen. Er genießt es, das Sagen zu haben und bei der Siegerehrung vorne zu stehen. Sowohl Jan als auch Frederik investieren viel Zeit und Energie, beide machen einen guten Job. Doch nur Jan bekommt spontan Dank. Eltern und Vereinsmitglieder bedanken sich immer wieder für seinen tollen Einsatz. Frederik erhält nur höfliche Danksagungen zu offiziellen Anlässen: »Unser Dank gilt auch Frederik, der diese Regatta so professionell ausgerichtet hat.« Das war’s. Frederik ist inzwischen so enttäuscht, dass er seinen Posten abgeben will. »Ich mache mir die ganze Mühe, und dann wird das als selbstverständlich genommen«, beklagt er sich.

Theoretisch könnte es auch umgekehrt sein: Jan leitet die Jugendgruppe, um Dank zu erhalten; Frederik organisiert Regatten, weil ihm das ein Anliegen ist und er das gern macht. Ich bin sicher, dass Jan dann eher schmallippig Dank bekäme und Frederik regelmäßig Zuspruch erhalten würde: »Toll, wie du das wieder gemacht hast, vielen Dank.«

In der Wirtschaft kursiert die Warnung: Vorsicht, der Kunde hört dein Magenknurren! Das besagt: Wenn man einen Auftrag dringend nötig hat, spürt der Kunde das und reagiert ablehnend oder drückt den Preis. Jedenfalls ist dann kein Handel auf Augenhöhe möglich. Ähnlich ist es, wenn jemand hauptsächlich auf Dank aus ist. Mit feinen Antennen wird das wahrgenommen und führt dazu, dass man wenig Lust hat, zu geben, was offenbar erwartet wird. Wie die Liebe ist auch Dank ein Kind der Freiheit. Er muss von Herzen kommen, wenn er etwas wert sein soll.

Deshalb mein Rat: Tun Sie nie etwas nur, um Dank zu erhalten. Wer auf Dankbarkeit spekuliert, wird mit großer Wahrscheinlichkeit enttäuscht. Tun wir dagegen, was uns Freude macht und was wir lieben, haben wir eine völlig andere Ausstrahlung. Wir sind locker statt verbissen, begeistert statt bemüht. Damit haben wir die größte Chance, freiwilligen Dank anzuziehen.

Und wenn nicht? Dann liegt es nicht an uns, sondern vermutlich daran, dass rings um uns nur Dankesmuffel sind. Leider gibt es Menschen, die nur um sich selbst kreisen und Gutes selbstverständlich nehmen. Das müssen wir bei aller Liebe zu dem, was wir tun, nicht einfach hinnehmen. Dank für unseren Einsatz steht uns zu. Also ist eine gezielte Nachhilfe angebracht.

Auf den eigenen Einsatz hinweisen

Oft können andere gar nicht einschätzen, wie aufwendig unsere Arbeit ist. Manches sieht im Endergebnis so perfekt und leicht aus, hat aber viel Mühe gekostet. So seufzte eine Kolumnistin, deren humorvolle Beiträge ich gerne lese: »Du glaubst gar nicht, wie lange ich daran sitze und mich quäle.« Ein IT-Spezialist erzählte, wie viel Arbeit es macht, eine gute Website zu erstellen. Die Kunden, die davon keine Ahnung haben, sehen nur das Ergebnis und meinen, das sei doch schnell erledigt.

Es muss nicht unbedingt etwas Materielles sein, das uns viel Kraft abverlangt, ohne dass der andere es wahrnimmt. Auch das loyale Verhalten zu einem Freund, der sich einen gravierenden Fehler erlaubt hat, fordert viel von uns. Oder dass wir uns immer wieder die traurige Trennungsgeschichte unserer liebeskranken Freundin anhören und ihr tröstend zur Seite stehen. In solchen Fällen ist es nötig, einmal darauf hinzuweisen, welchen Einsatz man für den anderen erbracht hat oder noch erbringt. Das bedeutet nicht, dass wir uns in vorwurfsvollem Ton beklagen: »Du könntest dich ruhig auch mal bedanken, wo ich schon so viel für dich tue.« Vielmehr geht es darum, sachlich über die eigene Befindlichkeit zu informieren. Dabei nutzt man am besten eine »Ich-Botschaft«, indem man von sich und seinen Gefühlen spricht: »Wenn du dich bei mir ausweinst, geht das nicht spurlos an mir vorüber. Es nimmt mich sehr mit.« Ein einigermaßen sensibler Mensch wird darauf reagieren und erkennen, dass hier Dank angebracht ist.

Erwartungen aussprechen

Manchmal steckt hinter unseren Zuwendungen auch die Absicht, dafür als Dank demnächst Ähnliches zurückzuerhalten. Das kann durchaus berechtigt sein. Wenn wir Freunden beim Umzug helfen, erwarten wir, dass sie für uns das Gleiche tun. Normalerweise funktioniert das recht gut, denn die meisten von uns haben eine feine Wahrnehmung für unausgesprochene Verpflichtungen. Doch leider ist das nicht immer der Fall. Einige Menschen nehmen einen Gefallen ganz selbstverständlich an, ohne sich Gedanken über einen Ausgleich zu machen. Wenn wir sichergehen wollen, erklären wir schon unmittelbar nach unserem Einsatz, was wir dafür erwarten.

Max, ein 37-jähriger Banker, hat seinen Kollegen Philipp unterstützt, als der in einem Meeting sein geplantes Projekt vorstellte. Als Philipp sich später bedankt, sagt Max: »Geht schon klar. Aber schön wär's, wenn du dich ebenso verhältst, falls ich demnächst mal in einer ähnlichen Situation bin.«

Dankbarkeit durch die Hintertür erreichen

Nicht jedem liegt es, direkt darauf hinzuweisen, dass Dankbarkeit angebracht ist. »Wenn der Dank nicht von selbst kommt, sage ich nichts«, erklärt Marie, eine 29-jährige Chemielaborantin. »Das wäre mir zu peinlich.« Doch auch zurückhaltende Menschen haben die Möglichkeit, den Dank zu erhalten, den sie sich wünschen. Statt deutlich darum zu bitten, können sie indirekt darauf aufmerksam machen, wie sehr sie sich über eine positive Rückmeldung freuen würden: Sie heben wie zufällig einen Dank hervor, den sie kürzlich von jemand anderem bekommen haben. Das kann ihr Gegenüber dazu animieren, sich ähnlich zu verhalten.

Marie hat es erfolgreich mit der indirekten Methode versucht. Sie hatte einer Freundin einen Gefallen getan, vermisste aber deren Dank. Also schwärmte sie ihr von einer gemeinsamen Bekannten vor: »Neulich habe ich Fraukes Tochter bei ihrer Chemiearbeit für die Schule geholfen. Frauke hat mir daraufhin eine so nette Mail geschickt, wie sehr sie sich darüber gefreut hat.« Die Freundin verstand den Wink.

Sich vorbildlich verhalten

Mein Vater, ehemals Pastor, zitierte gerne den weisen König Salomon. Der riet, man solle sein Gegenüber durch vorbildhaftes Verhalten zur Einsicht bewegen. In der bildhaften Sprache der Bibel heißt das: »Feurige Kohlen auf dem Haupt des anderen sammeln.« Statt Gleiches mit Gleichem zu vergelten, verhält man sich unerwartet freundlich. Dann wird sich der andere (hoffentlich) für sein Verhalten schämen und sich bessern. Frei nach Salomon funktioniert das auch in puncto Dankbarkeit. Wir erweisen jemandem großzügig Dankbarkeit, selbst wenn der sich in einem früheren Fall undankbar gezeigt hat. Diese Methode hat pädagogische Wirkung.

Franz, 67, pensionierter Lehrer, hält ihm erwiesene Gefälligkeiten für selbstverständlich, das Wörtchen »danke« kommt ihm selten über die Lippen. Wenn er etwas mit seinem neunjährigen Enkel unternimmt, bedankt sich seine Schwiegertochter Serena immer ganz besonders bei ihm. Am Anfang hat er nur gebrummt: »Mach nicht so ein Theater, das ist doch selbstverständlich«, doch inzwischen freut er sich darüber und bedankt sich auch selbst öfter als bisher.

Humorvoll darauf aufmerksam machen

Wir müssen keineswegs verbissen darauf hinweisen, dass uns Dank gebührt. Oft kommt es besser an, wenn wir das leicht und locker äußern, mit einem Augenzwinkern und Humor.

»Jetzt darfst du mich zum Eis einladen, dann können wir gleich deine neue Brille einweihen«, sagte Miriam, 43, Optikerin, nachdem sie ihrer Freundin eine Sonnenbrille geschenkt hatte.

Frank, 52, Heilpraktiker, brachte einem Bekannten gegen seine Magenbeschwerden einen Tee mit und sagte: »Wenn's hilft, kannst du mich ja im Internet positiv bewerten.«

Wichtig ist, dass der Wunsch mit einem Lächeln ausgesprochen wird. So entsteht beim Gegenüber nicht das Gefühl einer ernsten Verpflichtung. Gewiss hat man dann mehr Freude daran, die Anregung aufzunehmen.

Ein Grundsatzgespräch führen

Wenn alle Tipps und Tricks nicht wirken, ist es Zeit für ein offenes Gespräch. Natürlich müssen wir das nicht mit jedem führen, der uns seinen Dank verweigert, das wäre übertrieben. Wohl aber mit denjenigen Menschen, mit denen wir ständig zu tun haben, wie dem Partner oder der Partnerin, KollegInnen, FreundInnen und Verwandten. Wenn wir hier immer wieder unseren Wunsch nach mehr Dankbarkeit herunterschlucken, schadet das auf Dauer der Beziehung. Also müssen wir den Mund aufmachen und sagen, was uns fehlt. Das sollten wir nicht nebenbei erledigen nach dem Motto: »Was ich dir noch sagen wollte ...« Fordern wir ausreichend Zeit dafür ein: »Ich möchte etwas mit dir besprechen, das mir am Herzen liegt.« Wichtig ist, dass wir präzise angeben, wann wir enttäuscht waren und was wir uns stattdessen gewünscht hätten. Ein oder zwei Beispiele zur Verdeutlichung reichen, schließlich soll das keine Generalabrechnung werden.

Wie schon bei Anerkennung und Wertschätzung erfordert auch hier Offenheit Mut. Doch der lohnt sich. Die Chancen stehen gut, denn einer ehrlichen Aussage kann man schwer widerstehen.

Unfähigkeit verzeihen

Bei manchen Menschen ist jede Liebesmühe vergebens, sie weigern sich einfach, anderen die gebührende Dankbarkeit zu zeigen. Es ist sinnlos, darauf zu warten. Doch fehlender Dank kann uns quälen und belasten. Vielleicht ärgern wir uns, dass wir demjenigen überhaupt etwas Gutes getan haben, oder wir sind empört, dass sich jemand so egozentrisch verhält. In dem Fall müssen wir für uns selbst innerlich einen Schlusspunkt setzen. Das gelingt am besten, wenn wir Verständnis haben. Bitte machen Sie sich klar, wie traurig es in einem Menschen aussehen muss, der nicht erkennen kann, was andere für ihn tun. Vielleicht hat er nie gelernt, wie man Dank ausdrückt. Offenbar weiß er auch nicht, welche großen Vorteile Dankbarkeit im Zusammenleben hat. Ein undankbarer Mensch schadet sich letztlich selbst am meisten. Wenn es uns guttut, dürfen wir uns gerne einmal innerlich aufs hohe Ross setzen und uns dazu beglückwünschen, dass wir es besser machen. Dem armen Undankbaren verzeihen wir großmütig, er ist schon genug gestraft.

Dank souverän annehmen

Angenommen, wir bekommen den Dank, den wir uns wünschen. Ende gut, alles gut? Nein, noch nicht ganz. Jetzt sind wir nämlich wieder dran. Auch Dank anzunehmen will gelernt sein.

In einem Seminar für weibliche Führungskräfte, das ich zum Thema Anerkennung, Wertschätzung und Dankbarkeit hielt, habe ich mich bei den Teilnehmerinnen erkundigt: »Wie reagieren Sie, wenn man Ihnen dankt?« Fast alle pflegen den Dank abzuwehren, mit Sätzen wie »Das ist doch selbstverständlich« oder »Keine Ursache«. Bei Geschenken heißt es meist: »Ach, das wäre doch nicht nötig gewesen.« Männer verhalten sich ähnlich, wenn auch weniger aus Bescheidenheit. Dank macht sie eher verlegen. Sie sagen dann abwiegelnd so etwas wie »Ist schon o. k.« oder »Nicht der Rede wert«.

Offenbar halten wir es für höflich, Dank zurückzuweisen. Dabei übersehen wir, dass wir auf diese Weise diejenigen, die sich bedanken, herabwürdigen. Wir geben ihnen zu verstehen, dass ihr Dank überflüssig und übertrieben ist. Was wir für sie getan haben, war doch nichts Besonderes.

Etwas ratlos diskutierten die Seminarteilnehmerinnen, was sie denn stattdessen sagen sollten. Eine machte den Vorschlag, man könnte doch einfach sagen: »Gern geschehen.« Das ist eine Möglichkeit. Noch schöner ist es, wenn wir unserem Gegenüber mitteilen, was der Dank in uns auslöst. Dazu ist es hilfreich, in sich hineinzuspüren. Dann werden wir merken, dass Freude auftaucht, vielleicht sogar Rührung. Genau das sollten wir auch ausdrücken. »Mit Ihrem Dank machen Sie mir eine große Freude« oder »Ich bin gerührt, dass du das sagst«. Dank auf diese Weise anzunehmen schafft eine Verbindung von Herz zu Herz.

Literatur

Assig, Dorothea; Echter, Dorothee: Ambition: Wie große Karrieren gelingen. Frankfurt a. M. 2012

dies., Freiheit für Manager. Frankfurt a. M. 2018

Borkenau, Peter; Ostendorf, Fritz: NEO-Fünf-Faktoren Inventar nach Costa und McCrae., Göttingen 2008

Byrne, Rhonda: The Secret. Das Geheimnis. München 2007

Emmons, Robert: Vom Glück, dankbar zu sein. Eine Anleitung für den Alltag. Frankfurt a. M. 2008

Frank, Robert H.: Ohne Glück kein Erfolg. Der Zufall und der Mythos der Leistungsgesellschaft. München 2018

Fuchs, Helmut; Huber, Andreas: Selfness. München 2007

Goleman, Daniel: Soziale Intelligenz. München 2006

Gronwald, Silke; Wolf-Doettinchem, Lorenz: »Topmanagerin Simone Menne: Wer sich nur anpasst, kommt nicht nach oben.« Interview in: Stern Nr. 12/2018

Hirigoyen, Marie-France: Die Masken der Niedertracht: Seelische Gewalt im Alltag und wie man sich dagegen wehren kann. München 1999.

Kaesemann, Vera; Heineke, Andreas: Liebe – kälter als der Tod. Einem Narzissten verfallen. München 2016

Kaplan, Janice: Das große Glück der kleinen Dinge. Reinbek 2016

Krech, Gregg: Die Kraft der Dankbarkeit. Die spirituelle Praxis des Naikan im Alltag. Berlin 2003

Lode, Silke: »War doch nur ein Vorschlag, kein Auftrag«. Interview mit Helmut Ebert in: Süddeutsche.de, 17. Mai 2010

Malkin, Craig: Der Narzissten-Test. Wie man übergroße Egos erkennt ... Köln 2016

Neff, Kristin: Selbstmitgefühl. Wie wir uns mit unseren Schwächen versöhnen und uns selbst der beste Freund werden. München 2012

Roth, Eugen: Ein Mensch. Heitere Verse. München 2014
Schulz, Thomas: Außer Kontrolle. Die Falle Facebook. In: Spiegel Nr. 13/2018
Simonetti, Riccardo: Zitat aus: http://medianauten.net/interview-riccardo-blog
Thome, Matthias: Braucht der Mensch ein Gegenüber? In: Zeit Wissen Nr. 6/2017
Weisberger, Lauren: Der Teufel trägt Prada. München 2004

Definition Dankbarkeit: https://www.wertesysteme.de/

Dank

Mein Dank gilt Katharina Festner, stellvertretende Programmleiterin für Sachbücher bei dtv und Lektorin dieses Buches. Schon bei unserem ersten Telefonat war mir klar: Hier ist eine erfahrene, kluge, kompetente Frau am Werke. Ihre Korrektur meines Manuskriptes hat das voll bestätigt.

Verbunden hat uns Klaus Altepost von der Agentur Altepost 2015, dafür vielen Dank.

Anne-Kathrin Guder und Doris Cornils ist zu verdanken, dass es dieses Buch gibt: Sie schlugen mir das Thema als Vortrag für Pro Exzellenzia, das von ihnen so engagiert geführte Hamburger Karriere-Kompetenzzentrum für Frauen, vor. Damit regten sie an, mich intensiv mit Wertschätzung zu befassen.

Ein besonderer Dank gilt den Coaches und Autorinnen Dorothea Assig und Dorothee Echter für das Interview »Positive Resonanz im Beruf erzeugen«. Mit ihrer Erfahrung im Topmanagement haben sie das Buch bereichert.

Last but not least danke ich allen, deren Geschichten ich erfahren und als Beispiele verwenden durtfe.